Ich bin für Dich da

Andreas Salcher

Ich bin für Dich da

Die Kunst der Freundschaft

Leserhinweis:
Um die Lesbarkeit des Buches zu verbessern, wurde darauf verzichtet, neben der männlichen auch die weibliche Form anzuführen, die gedanklich selbstverständlich immer mit einzubeziehen ist. Für alle im Buch abgekürzt verwendeten Namen, die auf Wunsch der Betroffenen anonymisiert wurden, liegen dem Autor Gesprächsprotokolle vor. Alle Geschichten in diesem Buch sind wahr.

Sämtliche Angaben in diesem Werk erfolgen trotz sorgfältiger Bearbeitung ohne Gewähr.
Eine Haftung der Autoren bzw. Herausgeber und des Verlages ist ausgeschlossen.

Zitat auf S. 157 aus: Khalil Gibran: Der Prophet. Aus dem Amerikanischen von
Ingrid Fischer-Schreiber, Copyright der deutschsprachigen Übersetzung
© 2005, 2010 Diogenes Verlag AG Zürich

Zitat auf S. 215 f. aus: Michael Ende: Momo
© 1973, 2013 Thienemann in der Thienemann-Esslinger Verlag GmbH, Stuttgart

© 2016 Ecowin Verlag bei Benevento Publishing,
eine Marke der Red Bull Media House GmbH, Wals bei Salzburg

Medieninhaber, Verleger und Herausgeber:
Red Bull Media House GmbH
Oberst-Lepperdinger-Straße 11–15
5071 Wals bei Salzburg, Österreich

Satz: MEDIA DESIGN: RIZNER.AT
Printed in the Czech Republic

ISBN 978-3-7110-0105-4

1 2 3 4 5 6 7 8 / 19 18 17 16

Für einen Menschen, der mir wirklich wichtig ist.

Inhalt

Prolog: Meine Freunde

In dem Augenblick, wenn ein Mensch seine erste schwere Niederlage erleidet, wird er ein anderer. Mit 26 Jahren konnte ich alle Ziele abhaken, die ich mir gesetzt hatte. Ich war jüngster Landtagsabgeordneter in Wien, Geschäftsführer einer Organisation mit 80 Mitarbeitern und glücklich verliebt. Vier Jahre später, mit 30, war alles weg. Meine Partei hatte sich bei der Wahl halbiert, ich verlor mein Mandat und damit fast zwei Drittel meines Einkommens. Meine Liebesbeziehung zerbrach genau zu diesem Zeitpunkt. Zwei attraktive Angebote aus der Privatwirtschaft zerschlugen sich und damit die beruflichen Perspektiven für mein Leben.

In den rasanten Jahren davor war ich ständig unter Menschen: jüngeren, die durch mich Karriere machen wollten, und älteren, die sich erhofften, ihre Position mit meiner Hilfe abzusichern. Viele davon hätte ich damals als Freunde bezeichnet. Dem gegenüber standen meine Konkurrenten, die mir offen oder verdeckt nach dem politischen Leben trachteten oder mich einfach nicht mochten. Damals konnte ich noch über den Witz »Wenn du in der Politik einen Freund willst, dann kaufe dir einen Hund« lachen.

An dem Tag, als ich meine Funktionen verlor, waren sie auf einmal fast alle weg, die Freunde wie die Feinde. Mein Kalender zeigte immer mehr »Null-Tage«. Das waren solche ohne einen einzigen Termin und ohne Nachricht auf der Mailbox. Immerhin hatte ich noch einen Job und arbeitete zusätzlich wieder als Wirtschaftstrainer. Aber an den Abenden und den Wochenenden tauchte auf einmal ein Gefühl auf, an das ich mich nur dunkel aus meiner Zeit als Einzelkind vor dem Eintritt in die Schule erinnern konnte: Einsamkeit. Ich hatte keine Freunde mehr.

Wenn fast der gesamte Freundeskreis aus dem engen beruflichen Umfeld stammt, dann löst sich jener sofort auf, sobald dieses Band durchschnitten wird. Hat man alle menschlichen Beziehungen vor allem dem Kriterium der Nützlichkeit unterworfen, ohne böse Absicht – einfach aus Gedankenlosigkeit –, so sollte man sich nicht wundern, wie schnell man allein dasteht, sofern man selbst niemandem mehr nützlich ist. Dann fällt man auf die wenigen Menschen zurück, die verblieben sind. Das sind oft Menschen, denen man vielleicht bis dahin nicht viel Aufmerksamkeit und vor allem Zeit geschenkt hat. Hat man jedoch Glück, sind sie auf einmal da.

Bei mir war es Florian. Wir kannten uns oberflächlich durch gemeinsame Seminare, später schlug er den Weg des Journalisten und ich jenen der Politik ein und wir verloren uns aus den Augen. Eines Tages trafen wir uns zufällig auf der Straße, plauderten kurz und er fragte mich, ob ich denn nicht am Abend Zeit für ein Treffen mit seinen Freunden hätte. Noch wenige Wochen davor hätte ich freundlich abgelehnt, erstens, weil ich verplant gewesen wäre, und zweitens, weil ich überhaupt keine Notwendigkeit gesehen hätte, mich mit wildfremden Menschen zu treffen. Da ich jetzt wie fast immer keine Pläne hatte, sagte ich zu. Der Abend war gemütlich, ich verstand mich mit der Gastgeberin, die mich ab sofort regelmäßig einlud, und innerhalb kürzester Zeit erschloss sich mir ein völlig neuer Kreis von Menschen, der sich schnell ausweitete. Mit André fand ich in dieser Gruppe einen meiner besten Freunde, mit dem mich bis heute ein im Jahr 1995 gemeinsam überlebter Flugzeugabsturz verbindet. Seit damals machen wir jedes Jahr eine »Überlebensreise«, um unseren zweiten Geburtstag zu feiern. Das hat eine andere Qualität als ein gelegentlicher Städtetrip. Die Frage am Beginn jedes Jahres lautet nicht: »Machen wir heuer eine Reise?«, sondern nur: »Wohin fahren wir dieses Jahr?« Unabhängig davon, ob einer von uns beiden gerade verheiratet, in einer Beziehung oder Single war, fand unsere Reise statt – im Jahr 2015 zum 20. Mal.

Die wichtigsten Lektionen im Leben lernt man immer dann, wenn es einem nicht gut geht, wenn man eine Krise erlebt, wenn etwas zerbricht. Das sagt sich ganz leicht und ich kann es ehrlich gesagt nicht mehr hören. Der einzige Grund, warum ich es trotzdem wage, das an dieser Stelle zu schreiben, ist, dass es leider stimmt. Wir wollen es nur nicht wahrhaben, wenn wir selbst gerade im Loch sind und nicht aufhören können, weiter zu graben. Umso wichtiger sind die Wahrheiten, auf die wir dann stoßen. Bei mir war es ein einfacher Glaubenssatz: Nie wieder würde ich berufliche Freunde mit wahren Freunden verwechseln, nie wieder würde ich es verabsäumen, tiefe Freundschaften zu pflegen, auch wenn ich beruflich ausgelastet und privat glücklich war. Nie wieder würde ich wahre Freunde verlieren, ohne es zu merken.

Vorsätze, die mit »nie wieder« beginnen, sind wie wunderschöne Schuhe, in denen man nicht gehen kann. Es sei denn, das »nie wieder« wird zum Teil des eigenen Wertesystems, das sich wie in einem Flugzeug immer dann mit einem Alarmsignal meldet, sobald man Gefahr läuft, vom Kurs abzukommen. Das kann hilfreich sein, um die vielen Prüfungen im Alltag zu bestehen. Für mich heißt das zum Beispiel, Freunde so schnell wie möglich zurückzurufen, sie gelegentlich mit einem Geschenk ohne Anlass zu überraschen, mich von mir aus zu melden, wenn ich lange nichts gehört habe, ihre Bitten um Unterstützung selbst dann mit maximalem Einsatz zu erfüllen zu versuchen, wenn ich gerade null Zeit habe oder das zumindest glaube. Diese hohen Ansprüche kann man nur für einen begrenzten Kreis von Menschen erfüllen, für seinen Partner, seine engen Familienmitglieder und seine wahren Freunde.

Wer sind meine Freunde? Den letzten Test habe ich vor fünf Jahren an meinem 50. Geburtstag gemacht. Dort war ich gezwungen, jene zwölf auszuwählen, die mit mir an einem Tisch sitzen würden. So lautete die Vorgabe meines Freundes Ernst, der der Gastgeber war. Ein zweiter Tisch würde zwei Kategorien von Freunden schaffen.

Zwölf ist eine gute Zahl, um mehr über sich und seine Freunde zu lernen. Um nicht missverstanden zu werden, natürlich hatte ich keine zwölf engen Freunde. Aber mit diesem Trick, alle an einen Tisch zu setzen, zwang Ernst mich, genau über alle Menschen nachzudenken, die mir aus unterschiedlichen Gründen wichtig waren. Die ersten zehn Namen flossen mir ohne langes Nachdenken aus der Feder. Als ich merkte, dass ich mich dem Ende der Liste näherte, eröffnete ich eine zweite Spalte. Auch diese wurde immer länger, jeder war mir aus anderen Gründen lieb und wertvoll, doch es blieben nur mehr zwei Namen für die zwölf Einzuladenden.

Nun von meinen Freunden zu den Ihren. Wen zählen Sie zu Ihren Freunden? Wenn Sie sich auf dieses Gedankenspiel mit den zwölf Freunden einlassen, dann werden auch Sie irgendwann ins Stocken geraten. Die meisten Menschen haben zwei bis vier engste Freunde oder glauben das zumindest. Doch darüber hinaus gibt es meist einen weiteren Kreis. Dazu können alle Ihnen wichtigen Menschen wie Ihr Partner und Familienmitglieder genauso zählen wie solche, zu denen Sie eine intensivere Beziehung wünschen würden. Versuchen Sie es einfach einmal mit zwölf, dieser biblischen Zahl des Letzten Abendmahls. Sie werden schnell merken, dass sich Fragen auftun:

Sollen Sie dem Freund, den Sie seit Ihrer Jugend kennen, aber nur mehr selten sehen, den Vorzug vor jenem geben, der Ihnen in kürzester Zeit sehr vertraut geworden ist, dessen Freundschaft aber noch nie einer Belastungsprobe unterzogen wurde?

Sollen Sie es wagen, jemanden einzuladen, der aufgrund seiner Bedeutung Ihre Runde adeln würde und die noch lose Beziehung festigen könnte, oder überwiegt die Angst, sich eine verwunderte Absage einzuholen?

Denken Sie darüber nach, mit Ihrer Auswahl einen Versuch der Versöhnung mit einem Ihnen wichtigen, aber verlorenen Freund zu wagen?

Welche Familienmitglieder zählen Sie wirklich zu Ihren Freunden oder trennen Sie streng zwischen Freunden und Familie?

Lassen Sie sich bei der Auswahl von Ihrem Partner beeinflussen oder wollen Sie diese Entscheidung allein treffen? Und umgekehrt, wie antworten Sie einem Menschen, den Sie unbedingt dabei haben wollen, der aber nur mit seinem Partner kommen will oder kann?

Irgendwann wird die Liste mit den zwölf Namen fertig sein. Wie und warum Sie sich gerade für diese entschieden haben, sagt wohl mindestens so viel über Sie wie über die von Ihnen ausgewählten Menschen aus.

Heute sind mehr als fünf Jahre vergangen seit dem einzigartigen Fest zu meinem 50. Geburtstag. Einzigartig deshalb, weil es nie wieder mit diesen Menschen wiederholbar ist. Mein Freund

Ernst, der Gastgeber, ist vor mehr als zwei Jahren an Krebs gestorben. Müsste ich mich heute wieder auf zwölf Menschen beschränken, bliebe der Kreis ziemlich unverändert. Zerbrochen ist keine der Freundschaften, zwei sind lockerer, die meisten sogar enger geworden. Von Günter habe ich gelernt, wie sehr ein Geschenk eine Freundschaft vertiefen kann. Er hat mir eines der wertvollsten Geschenke zu meinem 50. Geburtstag gemacht. Gemeinsam mit seiner Frau Manuela überreichte er mir einen handschriftlichen Kalender mit einer Überraschung für jeden Monat. Das begann im Jänner täglich mit einer persönlichen Geschichte, einem besonderen Zitat oder einem weisen Spruch als liebevoller Geste der Aufmerksamkeit und fand im Dezember seinen Abschluss mit vier CDs mit ihrer Lieblingsmusik aus allen Erdteilen, die sie bereist hatten. Dazwischen gab es Karten für »Ariadne auf Naxos« in der Wiener Staatsoper, eine Jahreskarte des Kunsthistorischen Museums, einen privaten Abend mit einem von mir ausgewählten Dichter oder Philosophen, die Erfüllung eines persönlichen Wunsches, den Besuch des schrägsten Kellertheaters der Stadt. Jeder Monat des Kalenders war mit viel Liebe und Aufwand gestaltet. Günter und ich haben die regelmäßigen Gelegenheiten, uns zu treffen, genossen und nach diesem Jahr beschlossen, einmal im Monat einen Tag gemeinsam wandern zu gehen.

Natürlich sind seit meinem 50. Geburtstag neue Menschen in mein Leben getreten. Diese Tatsache verlangt von mir die Entscheidung, wem von ihnen ich einen wichtigen Platz einräumen will. Ehrlicherweise müsste ich dafür die Kontaktzeit mit anderen reduzieren. Gerade in menschlichen Beziehungen ist keine Entscheidung auch eine Entscheidung – nicht immer die beste. Zusätzlich zu meinen drei besten Freunden würde ich heute das Prädikat »Freund« 23 Mal an einen erweiterten Kreis vergeben. Diese

Zahl mag Ihnen hoch erscheinen. Das hängt wahrscheinlich damit zusammen, dass ich ein Einzelkind bin, bisher nie verheiratet war und keine Kinder habe, daher haben Freunde für mich einen besonders hohen Stellenwert. Doch ich glaube, nicht nur für mich, deshalb habe ich dieses Buch geschrieben.

Freundschaft ist kein leerer Wahn. In Gegenwart von Freunden erscheinen Probleme kleiner – und Berge buchstäblich flacher: In Experimenten schätzen Menschen die Steigung eines Hügels tatsächlich geringer ein, wenn ein Freund neben ihnen steht. Je länger sie ihn kennen, desto stärker ist der Effekt. Oft reicht sogar der Gedanke an ihn, damit der Berg schrumpft. »Wir verbuchen unsere Freunde als potenzielle Unterstützung«, sagt Psychologieprofessor Jaap Denissen von der Humboldt-Universität zu Berlin. »Wer solche Ressourcen hat, stuft ein Problem als weniger bedrohlich ein.«[1] Der englische Philosoph Francis Bacon brauchte im Jahr 1625 keine Studien, sondern nur einen einzigen Satz, um die Macht der Freundschaft auszudrücken: »Sie verdoppelt die Freude und halbiert das Leid.« Gerade in Zeiten der Verunsicherung und Vereinzelung zählt Freundschaft zu den unmittelbarsten Werten. Geht es uns schlecht, schämen wir uns und wollen uns zurückziehen, damit uns andere nicht in diesem Zustand sehen, sind es vertraute Freunde, die uns davor bewahren, allein zu leiden. Freunde sind Verbündete, die für uns da sind, wenn wir sie brauchen – im besten Fall, ohne dass wir sie darum bitten müssen.

Freundschaft ist etwas zutiefst Intimes. Ich würde es nicht wagen, hier die Liste meiner Freunde zu veröffentlichen, wissend, dass einige enttäuscht darüber wären, sich nicht darin wiederzufinden, und andere überrascht, wie wichtig sie mir sind. Folgende Eigenschaften zeichnen jene Menschen aus, die ich zu meinem Freundeskreis zähle:

Sie sind positive Menschen, die Energie geben und nicht rauben, ich freue mich, sie zu treffen und genieße die Zeit mit ihnen.

Wir vertrauen einander zu hundert Prozent. Sie geben mir ehrliches, auch kritisches Feedback direkt ins Gesicht und reden hinter meinem Rücken gut über mich.

Sie waren in schwierigen Situationen meines Lebens für mich da.

Ganz wichtig ist, dass wir uns über die Erfolge des anderen freuen können, ohne Neid zu empfinden.

Was verbindet mich mit meinen Freunden? Ich kenne fast alle seit mindestens zehn Jahren, die meisten mehr als 20 Jahre. Am längsten währt meine Freundschaft mit Thomas. Als damals 16-Jähriger gewann er an seiner Schule als Siegespreis für einen Rednerwettbewerb ein Rhetorikseminar, dessen Trainer ich war. Aus dieser ersten Begegnung entstand eine lose Freundschaft, die fester wurde, als er mich Jahre später damit beauftragte, Präsentationstechnikseminare für die Mitarbeiter einer großen Werbeagentur in Osteuropa zu machen, deren Chef er war. Obwohl lange Zeit mein wichtigster Kunde, hat er mich das nie merken lassen und über meine Schwächen hinweggesehen, zumindest so lange wie möglich. Ich entwickelte das ursprünglich sehr populäre Seminarkonzept zwar ständig weiter, aber irgendwann begann sich bei mir eine Unachtsamkeit gegenüber den Teilnehmern einzuschleichen, die sich darüber beschwerten. Zartfühlend brachte mir Thomas das bei. Ich nahm mir das Feedback zu Herzen, ließ die Teilnehmer Theater spielen und Kontakt mit der ländlichen Bevölkerung von Payerbach suchen. Aber die legendären Zeiten, als Teilnehmer erzählten, das Seminar hätte ihr Leben verändert, kamen nicht mehr wieder.

Unsere Freundschaft überstand Thomas' Ausscheiden aus der Werbeagentur und aus einer ursprünglichen Nutzenfreundschaft entwickelte sich eine wahre Freundschaft. Mit Thomas kann ich stundenlang lachen, vor allem über Geschichten, die ich ihm selbst vor zwei Wochen erzählt habe und die er dann mit großer Begeisterung als eigene wiedergibt. Wenn man ihn darauf aufmerksam macht, motiviert ihn das nur zusätzlich, dieselbe Geschichte jahrelang immer wieder in großen Runden zu verbreiten. Ich freue mich immer, Thomas zu treffen und wenn, dann bin nur ich ihm manchmal auf die Nerven gegangen. Gute Freunde dürfen das. Sollte ich jemals unschuldig im Ausland festgenommen werden und dürfte nur ein Telefonat machen, so würde ich, ohne zu zögern, Thomas anrufen. »Okay, ich kümmere mich darum«, würde er antworten und alle Hebel in Bewegung setzen, um mich herauszuholen. Das nenne ich Verlässlichkeit.

Die meisten meiner Freunde sind in fixen Beziehungen und haben Kinder. Vier meiner Freunde sind noch immer mit derselben Frau verheiratet, alle anderen sind geschieden oder wiederverheiratet. In meinem kleinen persönlichen Kosmos halten Freundschaften offenbar länger als Ehen.

Der Begriff Freundschaft ist mindestens so überladen wie Liebe. Persönlich tendiere ich sowohl bei Freunden als auch in der Liebe zur Idealisierung, erhoffe mir das, was mir fehlt, in Freunden und in der Liebespartnerin zu finden. Das ist natürlich eine Illusion, die einer genaueren Betrachtung nicht standhält. Die Illusionen, die man sich über menschliche Beziehungen machen kann, sind grenzenlos. Daher werden in diesem Buch zehn Gebote wahrer Freundschaft aufgestellt.

Gebote sind in Stein gemeißelt. Das reale Leben ist aus Fleisch und Blut. Deswegen verstoßen Menschen immer wieder gegen

Gebote. Die zehn Gebote in diesem Buch sind nicht von Gott gegeben, sondern von menschlichen Erfahrungen geprägt. Sie sollen helfen, darüber nachzudenken, ob wir unsere Freundschaften nicht mit unerfüllbaren Erwartungen belasten. Bei zwei Geboten war ich mir ursprünglich sicher, dass sie für mich keine Geltung hätten, bis ich nach genauerer Prüfung draufgekommen bin, dass sie mich mehr betreffen, als mir lieb ist. Dabei ist mir bewusst geworden, dass es der Schatten meiner eigenen Persönlichkeit ist, der meine Freundschaften am gefährlichsten bedroht.

Dieses Buch versteht sich als Einladung an Sie, das Verhältnis zu Ihren Freunden zu reflektieren und dabei mehr über sich selbst zu erfahren. Dazu ist es notwendig, sich auch mit den dunklen Seiten der Freundschaft auseinanderzusetzen, statt diese nur zu idealisieren. Eine im März dieses Jahres publizierte Studie der Universität von Tel Aviv und des Massachusetts Institute of Technology (MIT) sollte uns zu denken geben. Sie deckt einen blinden Fleck auf, den es offenbar in vielen Freundschaften gibt. Nur 50 Prozent jener Menschen, die man selbst zu seinen Freunden zählt, sehen das umgekehrt so. Das würde bedeuten, dass jeder zweite unserer Freunde unsere Gefühle nicht in ähnlicher Weise erwidert und wir für ihn eher Bekannte sind.[2]

Die besten Geschichten schreibt das Leben. Alle Geschichten in diesem Buch sind wahr. Sie sind aus dem Leben von Menschen gegriffen, gerade deshalb mögen manche unglaublich, unwahrscheinlich oder gar seltsam klingen. Einige Geschichten werden Sie berühren, andere werden Sie vielleicht als uninteressant empfinden. Manche Geschichten stehen für sich selbst, andere bedürfen einer tieferen psychologischen Interpretation. Wir sind besonders empfänglich für »gute« Geschichten, also solche, die unserem Leben Sinn, Orientierung und Bedeutung geben. Was eine »gute« Geschichte ist, kann nur jeder für sich selbst beurteilen.

Ihre Beurteilung einzelner Geschichten könnte davon abhängen, ob Sie das Buch aus der männlichen oder weiblichen Perspektive lesen. Die Gespräche zu diesem Buch haben mir gezeigt, dass es viele allgemeingültige Thesen und Erfahrungen über Freundschaft gibt, Männer- und Frauenfreundschaften sich in einigen Aspekten aber wesentlich unterscheiden. Neuere Forschungen gehen davon aus, dass es bereits bei Kindern ab dem zweiten Lebensjahr eine Tendenz zu gleichgeschlechtlichen Beziehungen gibt, im Alter von sechs Jahren verbringen Kinder elfmal mehr Zeit mit gleichgeschlechtlichen Freunden. Die Unterschiede zwischen Männer- und Frauenfreundschaften werden in einigen Kapiteln dezidiert angesprochen und können hilfreich sein, den Charakter dieser Freundschaften besser zu verstehen.

Mehr als Gedanken kann ein Buch nicht inspirieren, das ist schon sehr viel. Ein Gedanke erscheint mir besonders wichtig: Freunde sind nichts Selbstverständliches. Das wissen wahrscheinlich jene von Ihnen am besten, die zu wenige, die falschen oder gar keine Freunde haben. Dafür gibt es sicher gute Gründe, es reicht aber nicht, seine Muster zu verstehen. Wer Freunde gewinnen will, muss lernen, die Dinge in seinem Leben so zu sehen, wie sie wirklich sind – aber nicht schlechter. Dieses Buch kann Ihnen dabei helfen, die Möglichkeiten für wahre Freundschaften klarer zu erkennen. Die Beispiele gelungener Freundschaft werden zeigen, dass es vielleicht nicht immer in unserer Macht liegt, alle drängenden Probleme in unserem Leben zu lösen, wir aber sehr wohl die Chance haben, es in unseren persönlichen Beziehungen ein bisschen besser zu machen, vor allem in der Beziehung zu uns

selbst. Spätestens im Kapitel über das zehnte Gebot sollten Sie
»Ihre« Sätze finden. Das sind besonders jene, bei denen eine Frage
auftaucht: »Bin ich selbst ein guter Freund?«

---

1   Claudia Wüstenhagen: Das Geheimnis der Freundschaft, in: Zeit online,
    7.12.2010
2   Peter Praschl: Freundschaft macht blind, in: Die Welt am Sonntag, 29.5.2016

Freundschaft im
Wandel des Lebens

Warum Freundschaft für Glück und Gesundheit in unserem Leben entscheidend ist

»Das Einmalige an einer Freundschaft ist weder die Hand, die sich einem entgegenstreckt, noch das freundliche Lächeln oder die angenehme Gesellschaft. Das Einmalige an ihr ist die geistige Inspiration, die man erhält, wenn man merkt, dass da jemand an einen glaubt.«

Ralph Waldo Emerson

Die Frage, welche Faktoren entscheidend für Glück und Gesundheit in unserem Leben sind, wurde oft untersucht, fast immer, indem man Menschen über ihr bisheriges Leben befragt hat. Leider vergessen wir einen großen Teil unserer eigenen Lebensgeschichte, verdrängen negative Ereignisse und färben unsere Erinnerungen schön. Wirklich aussagekräftig wären die Ergebnisse erst, könnte man den gesamten Lebensweg von Menschen von ihrer Zeit als Teenager bis ins reife Erwachsenenalter begleitend untersuchen. Genau das hat die Harvard-Universität mit der »Grant-Studie über Erwachsenen-Entwicklung« getan.

Seit 1938 analysieren Wissenschaftler der berühmten Universität die Lebenswege von 724 Männern, die man bewusst aus zwei unterschiedlichen Bevölkerungsschichten in Boston ausgewählt hatte. Die erste Gruppe bestand aus Harvard-Studenten, die zweite Gruppe setzte sich aus den ärmsten Schichten Bostons zusammen.

Seit ihrer Zeit als Teenager wurden die Gesundheit, das Privatleben, die Berufskarrieren und die Lebenszufriedenheit der Studienteilnehmer Jahr für Jahr wissenschaftlich erhoben. Nicht nur mit den üblichen Fragebögen, die Forscher besuchten die Probanden zu Hause, sprachen mit deren Frauen und Kindern, studierten die ärztlichen Atteste vom Blutbild bis zum Gehirn-Scan. 60 der ursprünglich 724 Menschen sind noch immer am Leben und nehmen weiter an der Studie teil. Beide Gruppen brachten Fabrikarbeiter, kleine Angestellte, Anwälte und Ärzte hervor. Manche kletterten die Karriereleiter ganz weit nach oben, andere fielen tief herunter. Es muss eine besondere Laune des Schicksals gewesen sein, dass sich unter den ausgewählten Studienteilnehmern sowohl der spätere US-Präsident John F. Kennedy als auch der als Unabomber (university and airline bomber) bekannt gewordene Attentäter Theodore Kaczynski befanden.[1]

Welche drei Erkenntnisse dieser Studie können hilfreich für unser eigenes Leben sein?

1. Menschliche Beziehungen sind lebensnotwendig für uns. Dabei geht es nicht nur um die Bindung zum Lebenspartner, sondern vor allem um die Art der Beziehungen zu anderen Menschen, und zwar im Sinne von wertschätzenden und einfühlsamen Verbindungen. Freunde spielen daher so wie Familie und Partnerschaft eine zentrale Rolle. Menschen, die sich mit Freunden verbunden fühlen, sind glücklicher, gesünder und leben länger als isolierte Menschen, selbst wenn diese beruflich erfolgreicher, berühmter und wohlhabender sind. Einsamkeit tötet uns. Einsame Menschen sind öfter und schwerer krank, ihre Gedächtnisleistung nimmt früher ab. Diese Fakten sind umso tragischer, wenn wir wissen, dass jeder fünfte Mensch an Einsamkeit leidet.

2. Aber auch mit Freunden oder Partnern kann man einsam und unglücklich sein. Die Aufrechterhaltung einer lieblosen Ehe mit permanentem Konfliktpotenzial wirkt sich auf die Gesundheit meist belastender aus als eine Scheidung. Was zählt, ist nicht die Tatsache, verheiratet zu sein oder die Anzahl der Freunde, sondern die Qualität der Beziehungen.
3. Die Forscher konnten aufgrund der Daten sogar vorhersagen, welche 50-Jährigen im Alter von 80 Jahren glücklicher und gesünder sein würden. Es zeigte sich, dass nicht die Cholesterinwerte entscheidend waren, sondern die Zufriedenheit mit den sozialen Beziehungen. Hatte man mit 50 eine liebevolle Ehe und enge Freunde, so war man mit 80 Jahren höchstwahrscheinlich gesund und glücklich. Gute Freunde und Partnerschaften schützen unseren Körper nicht vor dem Älterwerden, sie sind aber sehr wohl wichtig für unsere Gehirnleistung im Alter. Das Gefühl, dass jemand für uns da ist, wenn wir ihn brauchen, tröstet bei Gesundheitsproblemen und Gemütsschwankungen im Alter.

Studienleiter George E. Vaillant formuliert sein subjektives Ideal eines erfüllten Lebens mit einem Bild: »Im poetischen Sinne ist Glück, in sein Ferienhaus zu kommen und die Wäsche sauber und ordentlich gefaltet vorzufinden. Und dabei von vier liebenden Kindern und sechs liebenden Enkeln umgeben zu sein. Das Haus muss nicht groß sein, sondern nur nah genug am Wasser liegen, damit man seinen Kindern das Segeln beibringen kann. Das Ferienhaus meine ich im übertragenen Sinn. Reich zu sein ist kein Garant für Glück. Geld kann zweifellos Freude bereiten, doch an Reichtum gewöhnt man sich schnell. Dann wird er unbedeutend. Glück hat mehr mit Eleganz als mit Wohlstand zu tun. Eine gewisse Ordnung der Umgebung und der Umstände gehören zum Glück, und dazu Menschen, die man liebt und die einen lieben.«[2]

Die Studie beweist vor allem auch, dass gleichrangig mit glücklichen Ehen oder Partnerschaften wahre Freunde ausschlaggebend dafür sind, wie lange, wie gesund und wie glücklich wir leben werden. Die wahre Glückseligkeit liegt in der echten und tiefen Bindung mit anderen Menschen. Diese Erkenntnis scheint wenig überraschend, sie wurde nur selten so eindeutig wissenschaftlich bewiesen wie mit der Harvard-Studie. Warum behandeln wir unsere Freunde dann oft nur wie eine Nebensache?

Weil wir glauben, mit unserer Familie und dem Beruf so beschäftigt zu sein, dass wir nicht mehr Zeit für unsere Freunde erübrigen können. Weil es nicht einfacher ist, wahre Freunde zu finden als den Partner fürs Leben. Weil wir Freunde in der Jugend scheinbar so mühelos gewinnen können, dass wir nicht erkennen, wie schnell sich das im Laufe des Lebens ändern kann.

Wie wandelt sich Freundschaft in einzelnen Lebensphasen?

Wie alt sind Sie?

20, 30, 40, 50, 60, 70, 80, 90 Jahre oder älter? Wie verändert sich die Bedeutung, die wir Freundschaft geben, im Laufe unseres Lebens?

Die Sicht auf unser Leben und damit unsere Freunde hängt wesentlich von unserer Lebensphase ab. Kindheit, Schule, Jugend, Beruf und erste Lebenskrisen konfrontieren uns mit ganz unterschiedlichen Aufgaben, wie die drei folgenden Geschichten zeigen sollen.

26

Erste Freunde: Die ersten Freundschaften unserer Kinder ermöglichen uns, über die frühen Freunde in unserer eigenen Kindheit nachzudenken. Tatjana erzählt: »Unser Sohn schaut sich seine Freunde schon mit seinen sieben Jahren genau an. Seine beiden besten Freunde kennt er, seit er drei Jahre alt ist – vier von sieben Lebensjahren, das ist in seinem Alter eine sehr lange Freundschaft. Das lässt mich oft an meine Kindheit und dieses tiefe Bedürfnis nach allerallerbesten Freunden zurückdenken.« Und auch das Verständnis von Werten kann sich dabei unter Kindern schon sehr früh entwickeln. »Wir waren mit unserem Sohn Sönke und seinem Freund im Kino und haben uns den Film ›Drachenzähmen leicht gemacht 2‹ angesehen. In einer dramatischen Szene am Schluss wirft sich der Häuptling Haudrauf vor seinen Sohn Hicks, um ihn zu beschützen. Dass Haudrauf dabei stirbt, war für die Kinder ein Schock, einige Eltern waren regelrecht aufgebracht. Wir haben Sönke erklärt, dass Liebe die größte Kraft ist und sie es war, die Hicks rettete. Zu Hause haben die Kinder mit Playmobil die Szene nachgestellt. Sönke sagte: ›Ich kann mich unsichtbar machen.‹ Daraufhin hat sein Freund geantwortet: ›Ich kann riesige Steine werfen.‹ Eine Superkraft folgte auf die andere. Dann rief Sönke: ›Ich bin unbesiegbar!‹ – ›Warum?‹, hat sein Freund gefragt. »Weil ich die Liebe habe!« Das war der Supertrumpf. Sein Freund hat kurz nachgedacht, dann hat er gesagt: ›Dann habe ich auch die Liebe.‹ Offenbar ist ihm keine stärkere Kraft mehr eingefallen. Das hat uns an einem tiefen Punkt berührt.«

Forschungsergebnisse belegen, dass bereits 12 bis 18 Monate alte Kinder beginnen, bestimmte Kinder zu bevorzugen, was sich dadurch ausdrückt, dass sie zum Beispiel mehr mitleiden, wenn diese sich wehtun. Im Alter von zwei Jahren entwickeln Kinder Fähigkeiten wie das Nachahmen von Sozialverhalten in Rollentauschspielen (»So-als-ob-Spiele«). Zwischen fünf bis acht Jahren definieren Kinder Freundschaft vorwiegend über ihre Spielgefährten, mit denen sie die meiste Zeit verbringen. Ab ungefähr neun Jahren werden Kinder empfindsamer, was die Bedürfnisse anderer Menschen angeht, akzeptieren Unterschiede und Ungleichheit in verschiedenen Bereichen. Sie beginnen, Erwartungen an ihre Freunde aufzubauen, etwas zurückzubekommen, wenn sie etwas geben, zum Beispiel Spielsachen verborgen. Mit zehn Jahren gewinnen Werte wie »Treue« und »Verständnis für den anderen« an Bedeutung. Jedenfalls sind Kinderfreundschaften entscheidend für die Entwicklung von sozialen Fähigkeiten wie die Berücksichtigung der Wünsche anderer und die Bereitschaft zum »Geben« und »Nehmen«. Manche Experten gehen sogar davon aus, dass frühe Kinderfreundschaften die spätere Einstellung zu Liebe beeinflussen können.[3]

Getrennt durch eine gemeinsame Kindheit: Karl und Stephan wachsen in einem sozialen Wohnbau am Rande einer Großstadt auf. Die beiden besten Freunde verbringen ihre Zeit mit Fußball, Schlittenfahren, ausgedehnten Radtouren und langen Gesprächen. Karl ist ein Jahr älter und körperlich stärker als Stephan und schützt diesen vor den rauen Sitten, die in der Siedlung unter den Burschen herrschen. Karl und Stephan sind beide gute Schüler in der Grundschule, Karl hat nur das Problem mit dem dritten und vierten Fall der deutschen Sprache von seinem Vater geerbt, der Straßenbahner ist. Karl geht daher in die Hauptschule, auch weil er seine Freunde nicht verlieren will, während Stephan ins Gymnasium wechselt. Trotz der unterschiedlichen Bildungswege bleiben die beiden Kinder beste Freunde. Als Stephan von seinen Eltern einen Intelligenztest zu Weihnachten bekommt, probieren ihn beide aus und erreichen exakt den gleichen Wert. Stephan setzt nach der Unterstufe das Gymnasium fort, während Karl eine Lehre als Fernsehtechniker in einer großen Fabrik antritt. Die Lehre entpuppt sich für Karl nicht als Karriere, er fühlt sich intellektuell unterfordert, leidet unter der Monotonie am Fließband. Stephan findet neue Freunde und verliert Karl immer mehr aus den Augen. Die wenigen Treffen bei einem Glas Bier verlaufen deprimierend. Als sich Karl nach langer Zeit wieder meldet und Stephan erzählt, er plane die Studienberechtigungsprüfung zu machen, die ihm ein Studium ohne Abitur ermöglichen würde, bestärkt ihn Stefan. Mehr tut er für den ehemaligen besten Freund aus Kindestagen aber nicht, er ist mit seinem eigenen Leben mehr als ausgelastet. Stephan erhält eines Tages einen Brief von Karl, in dem ihm dieser schreibt, er habe sich das mit dem Studium aus dem Kopf geschlagen, sei nach Holland ausgewandert und habe dort geheiratet. Er führe ein bescheidenes ruhiges Leben. Stephan schreibt ihm zurück, erhält jedoch keine Antwort mehr. Die Beziehung zwischen Karl und Stephan steht für viele Jugendfreundschaften, die zerbrechen, weil frühe Weichenstellungen in der Schule zu immer stärker auseinanderklaffenden Lebenswegen führen.

Gute und böse Überraschungen: Wer steht in der Krise zu uns?

Ein lange verdrängter Konflikt droht die 35-jährige Brigitte völlig aus der Bahn zu werfen. Sie wird von einem prominenten Geschäftspartner des schweren Betruges bezichtigt und bei der Staatsanwaltschaft angezeigt. Ihre berufliche und private Existenz steht auf dem Spiel, als die Medien über ihren Fall berichten. Aus Sorge um ihre Kinder versucht sie, den Konflikt ihrerseits nicht zu eskalieren, was von einigen als Schuldeingeständnis gesehen wird.

Paralysiert von emotionalen Verletzungen und Existenzängsten erlebt Brigitte, wie sich ihre Freunde in Gruppen aufspalten. Besonders abscheulich findet sie jene, die wie Fetischisten Lust darin finden, ihre Nase in jedes kleinste Stück Schmutzwäsche zu stecken. Dann gibt es die schwachen Freunde, die sich nur heimlich mit ihr treffen, weil sie um ihre gesellschaftliche Reputation fürchten. Einer ihrer engsten Freunde stellt sich wider besseres Wissen gegen sie. Natürlich gibt es auch die loyalen Freunde, die zu ihr halten und denen es vollkommen egal ist, was andere über Brigitte behaupten. Sie vertrauen ihr einfach. Ihre bis dahin beste Freundin, die allein in einem großen Haus wohnt, erweist sich dagegen als überforderte Versagerin. Obwohl sie weiß, dass Brigitte ihre Wohnung aufgeben muss, bietet sie ihr nicht an, sie und ihre Kinder zumindest kurzfristig aufzunehmen. Hilfe kommt von unerwarteter Seite. Ein eher entfernter Freund, der von ihrer Situation erfährt, trifft sich sofort mit Brigitte, drückt ihr den Schlüssel zu seiner Wohnung in Hand und zieht zu einer Freundin, damit sie für eine Übergangszeit bei ihm wohnen kann. Brigitte über diesen besonderen Augenblick: »Er hat mich gesehen, er hat meine Situation erfasst, er hat nicht gefragt, er hat einfach gehandelt. Es gibt edle Menschen. Das kann man nicht lernen. Ich habe erlebt, dass es im Leben existenzielle Krisen geben kann, in denen man nicht einmal mehr fähig ist, seine Freunde um Hilfe zu bitten. Dann ist jemand da oder nicht.«

Wie wir unsere Freunde gewinnen und warum wir sie dann vergessen

Im Schnitt haben wir drei bis vier enge Beziehungen in den einzelnen Lebensphasen.[4] Das persönliche Netzwerk erreicht zahlenmäßig seinen Höhepunkt zwischen der Teenagerzeit und dem 25. Lebensjahr. In dieser Phase bilden wir die meisten der engen Freundschaften. Viktor E. Frankl spricht von »schicksalhaftem Boden«, auf dem langjährige Freundschaften gut gedeihen. Wir haben viel Zeit, fühlen uns erstmals nach der Schule oder Lehre freier vom Elternhaus, ohne schon selbst durch Familienbildung eingeschränkt zu werden. Ab dem 25. Lebensjahr nimmt die Anzahl der sozialen Beziehungen eindeutig ab, das hängt mit fixen Partnerschaften, Familiengründung und starker beruflicher Auslastung zusammen. Selbst wenn wir neue faszinierende Menschen kennenlernen, wird es schwierig, die notwendige Zeit zu finden, um intensivere Beziehungen aufzubauen.

In der enorm produktiven Lebensphase zwischen dem 30. und 50. Lebensjahr tauchen wir oft in eine Art »Freundschaftsvergessenheit« ein. Das passiert meist unbewusst, weil Freundschaften ja keine formellen Verträge sind, sie klingen einfach aus, weil der eine sich nicht meldet und der andere es irgendwann aufgibt. Familie und Beruf lassen wenig Raum für tiefe menschliche Freundschaften ohne klare Nutzenerwartungen. Dafür jagen wir Illusionen wie der perfekten Familie oder der steilen Karriere nach. Unsere Freundschaften bräuchten aber Raum, Zeit und Muße. Erst wenn die Illusionen und Projektionen dieses Lebensabschnitts, in dem wir von der Frage »Was will ich vom Leben?« getrieben sind, zerplatzen, sind wir reif, uns der Frage »Was will das Leben von mir?« zu stellen.

Die Ausdünnung unserer Freundschaftsbeziehungen setzt sich bis zur Pensionierung weiter fort, dann gibt es nochmals eine kleine Aufwärtsbewegung, weil wir wieder mehr Freizeit und somit Gelegenheit für neue soziale Beziehungen haben. Mit zunehmendem Lebensalter verringert sich unser Freundeskreis dramatisch durch Todesfälle und Krankheiten. Wir sind als potenzielle Konsumenten und wertvolle Netzwerkpartner nicht mehr interessant genug für neue Kontakte. In der materiellen Welt der westlichen Konsumgesellschaft ist dieser Trend noch ausgeprägter als in Gesellschaften mit einer stärkeren Verankerung der Gemeinschaft. Menschen, die in ihrem Leben nur Nutzenbeziehungen hatten, werden nun besonders hart getroffen, weil sie niemandem mehr von Nutzen sind und daher oft in Einsamkeit enden. Irgendwann erkennen wir, dass die theoretisch-wissenschaftlichen Erkenntnisse der »Grant-Studie« der Harvard-Universität, wonach soziale Beziehungen entscheidend für das Lebensglück sind, für uns selbst existenzielle Bedeutung haben.

Freundschaft als Reifungsprozess

Gelingende Freundschaften verlangen mit zunehmendem Alter einen reiferen Umgang miteinander und vor allem mit uns selbst. So kann die Heilung und Überwindung von Krisen und Verletzungen in Freundschaften das persönliche Wachstum fördern. Der deutsch-amerikanische Psychoanalytiker Erik Erikson hat ein Acht-Stufen-Modell entworfen, das auch für das Verständnis von Freundschaft im Wandel des Lebens hilfreich sein kann. Für Erikson entwickelt sich die menschliche Identität in dem ständigen Spannungsfeld zwischen unseren Bedürfnissen und Wün-

32

schen auf der einen Seite und den verändernden Anforderungen der sozialen Umwelt auf der anderen. Innerhalb seiner Entwicklung durchläuft der Mensch acht Stufen, welche durch die Konfrontation mit den jeweils gegensätzlichen Anforderungen und Bedürfnissen ausgelöst werden. Jede der acht Stufen stellt einen Konflikt dar, den der Einzelne bewältigen muss, um reif für die nächste Stufe zu werden.[5]

Stufe 1: Urvertrauen vs. Urmisstrauen (1. Lebensjahr)
»Ich bin, was man mir gibt.«
Stufe 2: Autonomie vs. Scham und Zweifel (2. bis 3. Lebensjahr)
»Ich bin, was ich will.«
Stufe 3: Initiative vs. Schuldgefühl (3. bis 6. Lebensjahr)
»Ich bin, was ich mir vorstellen kann zu werden.«
Stufe 4: Kompetenz vs. Minderwertigkeitsgefühl (6. Lebensjahr bis Pubertät)
»Ich bin, was ich lerne.«
Stufe 5: Pubertät
»Ich bin, was ich bin.«
Stufe 6: Intimität vs. Isolierung (frühes Erwachsenenalter)
»Ich bin, was mich liebenswert macht.«
Stufe 7: Großzügigkeit vs. Stagnation (mittleres Erwachsenenalter)
»Ich bin, was ich bereit bin zu geben.«
Stufe 8: Ich-Integrität vs. Verzweiflung (hohes Erwachsenenalter/Reife)
»Ich bin, was ich mir angeeignet habe.«

Für ein reifes Verständnis von Freundschaft sind die sechste, siebte und achte Stufe entscheidend. Denn die Unfähigkeit, die jeweils nächste Stufe zu bewältigen, führt zu Stagnation und zum Verlust von tiefen menschlichen Beziehungen wegen mangelnder Intimität. Die Aufgabe der sechsten Stufe des frühen Erwachsenenalters ist es, ein gewisses Maß an Intimität zu erreichen, anstatt isoliert zu bleiben. Die totale Fixierung auf Wohlstand und Karriere steht dem Aufbau von Intimität entgegen. Viele Menschen lassen sich vor allem in der ersten Hälfte ihres Lebens vom Streben nach äußerlichem Erfolg treiben. Erst wenn sie erkennen, dass sie das primär nicht deshalb tun, weil ihnen tatsächlich so viel an Geld oder Status liegt, sondern weil sie glauben, dadurch für andere liebenswerter zu sein, werden sie fähig, intime Beziehungen zu ihren Freunden, aber auch zu sich selbst aufzubauen. Nur wer als junger Erwachsener die Stufe der Intimität meistert, wird überhaupt erst zur Liebe fähig, die entscheidend für ein glückliches Leben ist. Unter Liebe versteht Erikson die psychosoziale Stärke, Unterschiede und Konflikte durch gegenseitige Hingabe zu überwinden. Ganz wichtig: Das bezieht sich in seinem Verständnis nicht nur auf die Liebe zum Partner, sondern auch auf die Liebe zu Freunden, Nachbarn, Mitarbeitern und Landsleuten. Für unsere Freundschaften bedeutet das, im frühen Erwachsenenalter der Versuchung zu widerstehen, neue Freundschaften vor allem unter dem Nutzenaspekt einzugehen. Nur so können wir ein Fundament zu intimen und zweckbefreiten Freundschaften legen, auf dem wir in den folgenden Lebensphasen aufbauen können.

In der siebten Stufe, dem mittleren Erwachsenenalter, geht es darum, Großzügigkeit zu entwickeln, die über die eigene Familie hinausgeht, und sich über das zu definieren, was man bereit ist, anderen zu geben. Dadurch vermeiden wir die Fixierung auf uns selbst, die Stagnation für unsere persönliche Weiterentwicklung bedeutet. Zu viel Großzügigkeit heißt wiederum, dass man sich selbst vernachlässigt zum Wohle anderer. Das sind dann Menschen, die am Ende ihres Lebens enttäuscht feststellen, dass sie selbst eigentlich nie etwas vom Leben hatten, sondern immer nur für andere da waren. Wird diese Phase erfolgreich abgeschlossen, hat man die Fähigkeit zur Fürsorge für andere erlangt, ohne sich selbst dabei aus den Augen zu verlieren.

Der letzte Lebensabschnitt, die achte Stufe, stellt uns vor die Aufgabe, auf unser Leben liebevoll und zufrieden zurückzublicken. Reife kann man vor allem in den Jahrzehnten des Übergangs vom frühen ins mittlere Erwachsenenalter erwerben, um im hohen Erwachsenenalter davon zu zehren. Gibt es dann noch immer wahre Freunde, eine glückliche Beziehung und jüngere Menschen, für die wir als Mentor gewirkt haben, kann dieser letzte Lebensabschnitt sehr erfüllend sein.

In dem von Erikson beschriebenen Entwicklungsprozess können wir lernen, jede darin vorgesehene Stufe zu bewältigen, um am Ende Lebensweisheit zu erreichen. Wenn wir dann auf die wahren Freunde in unserem Leben zurückblicken, kommt uns vielleicht die berühmteste Zeile aus Hermann Hesses Gedicht »Stufen« in abgewandelter Form in den Sinn:

Und jeder Freundschaft wohnt ein Zauber inne,
Der uns beschützt und der uns hilft, zu leben.

---

1 Kaczynski verdankte seine kurzfristige Bekanntheit der Tatsache, dass er seine Bomben meistens an Universitätsprofessoren und Vorstandsmitglieder von Fluggesellschaften schickte.
2 Michal Saur interviewte den Psychiater und Harvard-Professor George E. Vaillant, der die Grant-Studie im Jahr 1967 übernahm: Der weite Weg zum Glück, Magazin der Süddeutschen Zeitung 13/2013.

3 Der Beitrag »Warum sind Kinderfreundschaften so wichtig und wie lassen sie sich fördern?« von Evelyn Forster-Swaihel basiert auf einem Workshop mit dem Titel »Willst Du meine Freundin sein – Die Bedeutung von Kinderfreundschaften«, der von der Autorin zusammen mit Alexandra Dürr am 16.5.2008 anlässlich des vierten Studientages für Erzieher/innen zum Thema »Sozial-emotionale Entwicklung im frühen Kindesalter« an der Universität Koblenz-Landau, Campus Landau, unter der Leitung von Dr. Susanna Roux (Institut für Bildung im Kindes- und Jugendalter) gehalten wurde.

4 Die beschriebenen Lebenszyklen stammen aus den Untersuchungen des Netzwerkspezialisten Harald Katzmair.

5 Die Beschreibung der einzelnen Stufen wurde aus Wikipedia entnommen.

Unser Schatten – die größte Bedrohung unserer Freundschaften

»Manche Menschen halten das, was sie 30 Jahre lang falsch gemacht haben, für Erfahrung.«

Mulla Nasrudin[1]

Was ist der »Schatten«? C. G. Jung: »Der Schatten ist alles das, was du auch bist, aber auf keinen Fall sein willst.« Der Schattenbereich ist ein Teil unserer Persönlichkeit, den wir so verabscheuen, dass wir alles unternehmen, um ihn unbewusst zu verstecken und zu verleugnen. Trotzdem tauchen immer wieder Gefühle wie »Andere sind viel erfolgreicher und glücklicher als ich. Warum habe gerade ich es so schwer im Leben?« oder »Ich bin nicht gut genug, deshalb liebt mich niemand wirklich« in uns auf. Da wir fürchten, andere könnten unseren Schatten entdecken, legen wir uns Masken zu, die uns helfen, die Existenz unserer dunklen Seite zu verleugnen. Da Letztere aber natürlich nach wie vor in uns präsent ist, projizieren wir sie auf andere, unsere Partner und unsere Freunde.

Stellen Sie sich vor, Sie würden durch Zufall das Gespräch Ihres besten Freundes über Sie mit jemand anderem mithören, ohne dass die beiden das bemerkten. Welche Aussage Ihres Freundes würde Sie wirklich treffen?

Andreas ist falsch und verlogen.

Andreas überschätzt sich maßlos.

Andreas bildet sich ein, etwas Besseres zu sein.

Andreas ist hinterlistig und intrigant.

Andreas manipuliert und nutzt andere nur aus.

Andreas ist eifersüchtig und misstrauisch.

Andreas neidet einem jeden Erfolg.

Andreas ist eiskalt und lässt niemanden an sich heran.

Andreas ist oberflächlich und langweilig.

Wenn Sie statt Andreas Ihren eigenen Namen vor diese abwertenden Begriffe setzten, bei welchem würden Sie einen kurzen Stich spüren? Vielleicht sind Sie gerade Ihrem Schatten begegnet. Denn Sätze, die andere über uns sagen, mögen Auslöser für unsere Gefühle sein, sie sind aber nie die Ursache.

Das Konzept des Schattens wird deshalb bereits am Anfang dieses Buches vorgestellt, damit Sie beim Lesen Ihre Aufmerksamkeit an den richtigen Stellen auf sich selbst richten. Erst wenn wir verstehen, wo unser eigener Anteil an gescheiterten Freundschaften lag, werden wir es bei den bestehenden und zukünftigen Freundschaften besser machen können. Die zuvor beschriebenen Aussagen eines guten Freundes hinter Ihrem Rücken sind vielleicht ein erster Hinweis auf Ihren Schatten. In dem Teil über die neun Gebote der Freundschaft wird es Geschichten geben, die Sie besonders ansprechen oder die Widerspruch bei Ihnen auslösen. Dann ist ein guter Moment, um die Perspektive zu wechseln und sich zu fragen: »Was hat das mit mir zu tun?« Auf einmal kann eine Geschichte eine andere Bedeutung für Sie gewinnen.

Wir tun uns wesentlich leichter, den Schatten anderer Personen zu erkennen als den eigenen. Eine Annäherung an Ihren

Schatten führt daher auch über die Frage: »Welche Eigenschaft stört mich am meisten an meinen Freunden?« Im Kapitel über die zersetzenden Gifte der Freundschaft werden die neun Haupteigenschaften Zorn, Stolz, Neid, Täuschung, Geiz, Angst, Unersättlichkeit, Lust oder Trägheit beschrieben. Vieles von dem, das uns an unseren Freunden aufregt, ist ein Hinweis auf unsere eigene dunkle Seite.

Sofern uns etwas an unseren Freunden immer wieder besonders stört, sollten wir sie als Spiegel verwenden. Möglicherweise sehen wir darin nicht nur uns selbst, sondern hinter uns den eigenen Schatten. Werfen wir einem Freund zum Beispiel vor: »Du bist nur neidisch«, so spiegelt sich unser eigener Neid in ihm und wir können diesen Schatten hinter uns entdecken. Das wird reflexartig so lange passieren und unsere Freundschaften belasten, bis wir eine Beziehung zu unserem Schatten aufbauen können. Daher bestreiten wir oft mit größter Entrüstung einen Zusammenhang zwischen den uns besonders störenden Eigenschaften an anderen und uns selbst. »Das ist doch absurd«, ärgern wir uns, sollten wir einen zarten Hinweis bekommen, dass die von uns im Freund glasklar identifizierte Unverlässlichkeit oder Scheinheiligkeit auch etwas mit uns zu tun haben könnte. Vor allem wenn es immer wieder ein und dasselbe Verhalten ist, das uns an anderen besonders erregt, könnte das ein Indiz dafür sein, dass wir dem eigenen Schatten begegnen. Sonst würden wir diese störende Eigenschaft zwar wahrnehmen, uns aber nicht so darüber ärgern.

Die Arbeit am eigenen Schatten ist keine einmalige Anstrengung, sehr wohl aber eine lohnende, wie die Psychologin Debbie Ford formuliert: »Ihr ganzes Leben wird sich verändern, wenn Sie mit Ihrem Schatten Frieden schließen. Sie müssen nicht mehr so tun, als ob Sie jemand wären, der Sie nicht sind. Sie brauchen nicht mehr zu beweisen, dass Sie gut genug sind.« Sich selbst mit seinem Schatten anzunehmen, statt sich dafür zu schämen und zu bestrafen, ist wahrscheinlich die am meisten herausfordernde Lebensaufgabe. Für diese Arbeit an uns selbst benötigen wir meist keinen Therapeuten oder spirituellen Lehrer. Andere Menschen brauchen wir sehr wohl dafür. Ein Freund, dem wir im richtigen Augenblick das Fenster zu unseren inneren Sehnsüchten und Ängsten öffnen, ist oft ein guter Anfang.

Der Moment der Entzauberung – woher unser Schatten kommt

Am Anfang einer Beziehung steht unbewusst die Hoffnung, dass diese etwas in uns heilen wird. Irgendwann wird diese Heilungserwartung enttäuscht, das gilt für Liebesbeziehungen genauso wie für Freundschaften. Der andere verhält sich nicht so, wie er das aus unserer Sicht tun sollte, er sagt etwas, das uns kränkt, er offenbart Eigenschaften, die uns erschrecken. Das führt zur Ernüchterung, dass auch dieser Mensch nicht unsere inneren Bedürfnisse befriedigen wird. Genau im Augenblick der ersten Entzauberung einer Beziehung entsteht oft überhaupt erst die Möglichkeit, einander nahezukommen, sich an dem zu erfreuen, was da ist und was möglich ist. Dort liegt die Chance für wahre Freundschaft. Erst wenn wir uns wechselseitig Verletzbarkeit zugestehen, wird Offenheit möglich. Voraussetzung ist die Erkenntnis, dass die Heilung unserer Verletzungen nicht in anderen zu finden ist, auch nicht im nächsten Liebespartner oder Freund, weil uns die

Last unserer Existenz niemand abnehmen kann. Der begrenzende Faktor am Beginn einer Freundschaft liegt nicht zwischen zwei Menschen, sondern in der Beziehung jedes Einzelnen zu sich selbst, insbesondere zu seinem Schatten.

Denn unsere enttäuschte Erwartung, dass der andere nicht so ist, wie wir ihn gerne hätten, prallt auf uns zurück. Wer übernimmt aber die Verantwortung für das schlechte Gefühl, das zurückkommt? Sind wir zu der Einsicht fähig, vom anderen etwas gefordert zu haben, das er gar nicht leisten kann? Oder versuchen wir, diesen durch Verführung oder Drohung so zu formen, dass er scheinbar unseren Ansprüchen genügt? Derartige Umerziehungsprogramme sind in Freundschaften genauso wie in Beziehungen zum Scheitern verurteilt. Dabei wären unsere Projektionen in Wirklichkeit die besten Hilfsmittel, um unseren Schatten zu entdecken. Erst wenn wir in der Lage sind, uns von unserem Schatten zu unterscheiden, besteht die Chance, seine Einflüsse zu korrigieren.

»Es ist oft tragisch zu sehen, auf wie durchsichtige Weise ein Mensch sich selber und anderen das Leben verpfuscht, aber um alles in der Welt nicht einsehen kann, inwiefern die ganze Tragödie von ihm selber ausgeht und von ihm selber immer wieder aufs Neue genährt und unterhalten wird«, sagte C. G. Jung.

---

1 Nasrudin ist ein im türkisch-islamischen Raum populärer Geschichtenerzähler, der im 13./14. Jahrhundert gelebt haben soll. Seine oft hintergründig humorvollen Geschichten vermitteln Lebensweisheiten.

Die neun Gebote der Freundschaft

1. Du sollst wahre Freunde von Nutzen- und Spaß-Freundschaften unterscheiden

Justin Skeesuck und Patrick Gray aus Idaho sind von Kindheit an Freunde.[1] Mit 16 erleidet Justin einen schweren Verkehrsunfall, in dessen Folge er alles neu erlernen muss – vom Aufstehen und Essen bis hin zum Anziehen und Schreiben. Der Unfall löst eine seltene Autoimmunerkrankung aus, die nach und nach immer mehr Teile seines Körpers lahmlegt. Justin ist an den Rollstuhl gefesselt und wird körperlich nie wieder auf gleiche Augenhöhe mit seinem Freund Patrick kommen. Meist sitzt Justin zu Hause und schafft es gerade noch, die Fernbedienung zu halten und sich durchs Fernsehprogramm zu zappen. Dabei bleibt er bei einem Bericht über den Jakobsweg hängen. Der Moderator sagt, viele Menschen planen gar nicht, ihn zu gehen, sondern sie werden von ihm gerufen. In diesem Augenblick schießt Justin eine verrückte Idee in den Kopf. Genau diesen alten Pilgerweg möchte er bewältigen, in seinem Rollstuhl. Er ruft seinen Freund Patrick an und erzählt ihm von seiner Vision. Der hört genau zu, worum es bei dieser Reise gehen würde: Pyrenäen, sehr hügeliges, teilweise steiles Gelände, schneller Wetterwechsel von brütender Hitze auf den Landstraßen bis zu strömendem Regen auf den Bergpfaden. Dann fragt ihn Justin: »Möchtest du diese Tour mit mir machen?« Patrick antwortet: »Ja, ich schiebe dich.«

Trotz intensiver Vorbereitung erweist sich bereits der erste Tag des Jakobswegs für beide Freunde als der schwierigste in ihrem bisherigen Leben. Sie müssen Kilometer um Kilometer einen steilen Berg bezwingen. Patrick zieht vorne, ein anderer kräftiger Pilger schiebt von hinten. Dann kommen sie auf schlammigen Untergrund, der Rollstuhl bleibt immer wieder stecken, auf der einen Seite Felsen, auf der anderen der Abgrund. Nach zehn Stunden erreichen sie völlig erschöpft den Pass, der den Blick auf Spanien freigibt. Am zweiten Tag bricht ein Rad des Rollstuhls und beiden wird bewusst, dass sie ihr Ziel ohne die Hilfe anderer nie schaffen könnten. Aber immer wenn sie glauben, dass es nicht mehr weitergeht, tauchen unerwartete Helfer auf, andere Pilger oder Bewohner in den Dörfern. Das letzte große Hindernis wartet in Galizien auf sie, ein Anstieg auf einen Berg, der selbst für trainierte Pilger als große Herausforderung gilt. Ein Pilger, den sie zufällig in einer Kirche in Burgos kennenlernen, bietet ihnen an, sie am Fuß des Berges zu treffen, um ihnen zu helfen. Als Patrick und Justin dort ankommen, sehen sie zwölf Menschen aus unterschiedlichen Nationen, die alle ihre eigene Pilgerreise unterbrochen haben, um auf sie zu warten. Es erweist sich als unmöglich, den Rollstuhl den steinigen Bergweg entlang zu schieben, daher tragen ihn abwechselnd je sechs Helfer. Sie alle eint das Ziel, Justin auf die Spitze des Berges zu bringen. Patrick und Justin schaffen den Jakobsweg in 34 Tagen.

Das ist genauer betrachtet keine Geschichte über den Jakobsweg, es ist keine Geschichte über Behinderung, es ist eine Geschichte über eine Freundschaft, die scheinbar unmögliche Grenzen überwindet. Es ist nicht leicht, die Bilder von Justin und Patrick zu sehen, ohne mit den Tränen kämpfen zu müssen. Justin, der wie ein Gepäckstück festgeschnallt hilflos auf dem Alu-Rollstuhl liegt, und Patrick, der das insgesamt 150 Kilogramm schwere Gefährt mit seiner Muskelkraft bei Regen durch den Schlamm zieht. Hat das alles Sinn?

Für Viktor E. Frankl gibt es drei Möglichkeiten, um im eigenen Leben Sinn zu finden: im Tun, in der Liebe und im Leiden. Nicht nur Justin leidet an seiner Krankheit, sondern auch Patrick. Man spürt das, wenn Patrick mit Tränen in den Augen erzählt, wie sehr es ihn getroffen hat, als er sah, dass Justin keine Kaffeetasse mehr mit den eigenen Händen halten konnte und von seiner Frau gefüttert werden musste. Das Leiden wird durch das Ziel, den Jakobsweg zu bewältigen, nicht leichter, aber durch die Entscheidung, gemeinsam etwas zu tun, das gar nicht möglich scheint, erhält das Leiden seinen Sinn. Und über all dem steht die Liebe, die man immer wieder an den Blicken erkennt, die die beiden einander zuwerfen, wenn sie von ihrer Reise erzählen. Gerade weil die Lebenswege zwischen Patrick und Justin radikal auseinandergerissen wurden, erreicht ihre Freundschaft die höchste Ebene, die die Freundschaft erreichen kann. Sie gibt dem Leben der beiden Sinn.

Was ist Freundschaft?

Aristoteles[2] unterschied zwischen Tugendfreundschaften, Nutzenfreundschaften und Lustfreundschaften. Diese klare Trennung könnte heute noch hilfreich sein, wenn wir zeitgemäßere Begriffe verwenden.

1. Tugendfreunde sind die wahren Freunde

Für Aristoteles war Tugend ein absolut positiv besetzter Begriff ohne jenen moralisierenden Beigeschmack, den er gegenwärtig bisweilen hat. Daher nannte er die höchste Form von Freundschaft »Tugendfreundschaft«. Wir sprechen heute von wahrer oder echter Freundschaft. Diese ist auf absolutem Vertrauen aufgebaut, man erwartet von wahren Freunden unbedingte Hilfe in Lebenskrisen und idealerweise spürt man so etwas wie Seelenverwandtschaft. Die zuvor beschriebene Freundschaft zwischen Justin und Patrick erfüllt offenbar diese Kriterien. Tugendfreundschaft bedeutet aber nicht nur, da zu sein, wenn es dem anderen schlecht geht, sondern gemeinsames Wachstum, menschliche Wärme und ein ehrliches Interesse an der Person des anderen. Im besten aller Fälle können Freunde einander dabei unterstützen, ihr höchstes individuelles Potenzial zu entdecken. Wahre Freunde sind nicht Mittel zum Zweck. Das unterscheidet sie von Nutzenfreundschaften.

2. Nutzen- oder Geschäftsfreundschaften

Das sind Freundschaften, in denen die gegenseitigen Nutzenerwartungen die Bedeutung der menschlichen Beziehung übertreffen. Einige werden jetzt empört aufschreien und sagen, dass Netzwerke und Freundschaften zwei völlig verschiedene Dinge sind. Ganz so einfach ist das nicht, oft entwickeln sich aus beruflichen Netzwerkbeziehungen im Laufe der Zeit tiefere Beziehungen. Man ist sich sympathisch, man trifft sich zum Essen und redet dabei auch über private Dinge, man spielt Tennis oder Golf miteinander und auf einmal lösen sich die Grenzen auf. Vor allem Menschen, die als geniale Netzwerker gelten, verwenden den Begriff »Freund« sehr schnell. Sie bauen erst die Beziehungsebene auf, um dann ihre beruflichen Interessen zu verfolgen. Solange den Beteiligten klar ist, dass die Nutzenerwartung die Grundlage der Beziehung ist, sollte es keine Probleme geben.

Wenn aber der »befreundete« Rechtsanwalt eine Sache scheinbar aus Gefälligkeit übernimmt und anschließend ein hohes Honorar in Rechnung stellt, führt das oft zu Enttäuschung oder gar Empörung. Gaby geht im Scheidungskrieg selbstverständlich zu einem Freund, der auch Anwalt ist. Der sagt: »Kein Problem, Gaby, das löse ich dir in drei Wochen.« Der Rechtsstreit entpuppt sich schließlich doch als langwieriger und komplexer. Gaby hat sogar das Gefühl, dass ihr Freund sich als Anwalt nicht besonders um sie kümmert, in seinem Sekretariat wird sie oft an den Konzipienten verwiesen. Nach einem halben Jahr erhält sie eine Honorarnote von fast 10.000 Euro. Sie ist wild empört, weil sie dachte, ihr »Freund« würde sie besonders behandeln. Er erklärt ihr dagegen das Honorar und schlüsselt jeden Anruf, jeden Brief, jeden Schriftsatz, jede Gerichtskopie genau nach Rechtsanwaltsordnung auf. Der Grund für den Konflikt liegt in der ungeklärten Beziehung, in unausgesprochenen unterschiedlichen Erwartungslagen. Bittet man unter Freunden daher den anderen in dessen beruflicher Funktion als Arzt, Rechtsanwalt, Computerfachmann usw. um Hilfe oder bietet der solche an, sollte man das klar ansprechen.

Narzisstische Persönlichkeitstypen, die von der Frage »Was bringt mir jemand?« getrieben werden, sind anfällig dafür, Freundschaften primär nach Nutzen einzugehen. Wer aber in Freundschaften nur rechnet, kommt nie auf seine Rechnung.

3. Lust-, Spaß- oder Freizeitfreundschaften

Diese beruhen meist auf gemeinsamen Aktivitäten. Man betreibt Sport, besucht Veranstaltungen, geht ins Kino oder trifft sich einfach regelmäßig auf ein Bier oder einen Kaffee. Alles läuft zwanglos ohne überhöhte gegenseitige Erwartungen ab, die einzige Verpflichtung besteht darin, Spaß miteinander zu haben und sich nicht zu langweilen oder zu nerven. Gerade weil das Anspruchsniveau an derartige Freundschaften gering ist, halten diese oft erstaunlich lange. Ein gewisses Maß an Toleranz für die offenkundigen Fehler des anderen gibt den Spaßfreundschaften so etwas wie Leichtigkeit. Man muss nicht jedes Wort auf die Waagschale legen, Unstimmigkeiten werden als Missverständnisse interpretiert und schnell vergessen. Freude steht im Vordergrund, Tiefe ist erlaubt, darf aber nicht zu anstrengend werden.

Grundsätzlich steckt auch in Freizeitfreundschaften das Potenzial für tiefere Freundschaften. Wenn Freunde einander über das Bergsteigen kennengelernt haben, werden sie sich über diese gemeinsame Aktivität schnell nahekommen. Wesentliche zwischenmenschliche Aspekte einer Freundschaft, wie Vertrauen, offene Kommunikation, die Fähigkeit zur Selbst- und Fremdeinschätzung von Kompetenzen, werden bei solchen Unternehmungen in schwierigen Situationen rasch sehr bedeutend. Beim Klettern in der Wand ist man abhängig davon, dass der andere zuverlässig sichert. Bei der Vorbereitung einer Bergtour ist die gemeinsame Risikoabschätzung zu treffen und falls sich diese dann durch einen plötzlichen Wetterumschwung als falsch herausstellt, sind menschliche Qualitäten gefordert. Sucht man die Schuld beim anderen oder konzentriert man sich darauf, nach vorne zu blicken und den besten Ausweg zu finden? Wie viel

Unterstützung darf oder muss man dem anderen in einer Krisensituation anbieten, ohne sein Selbstwertgefühl zu unterminieren? Diese Erfahrungen kann man auf andere Sportarten, wie Skitourengehen, Segeln, Wandern oder Mountainbiken, umlegen. Verbundenheit mit der Natur schafft jedenfalls Möglichkeiten, gemeinsam die Schönheit des Augenblicks zu genießen und dem Freund sein Herz zu öffnen.

So einleuchtend diese Trennung in drei Arten von Freundschaft auf den ersten Blick sein mag, so fließend sind die Grenzen in der gelebten Realität. Wir scheuen uns oft, unsere Freunde in eines der Kästchen zu stecken. Vielleicht aus Sorge, dass uns einer unserer vermeintlich wahren Freunde eher als Netzwerkfreund oder als angenehmen Freizeitpartner sieht. Umgekehrt wollen wir niemanden verletzen, der sich uns näher fühlt als wir uns ihm. Diese Ambivalenz zwischen Schein und Sein in Freundschaften hat das Leben und Werk von Marcel Proust geprägt.

Aristoteles versus Marcel Proust: Ist Freundschaft eine hohe Tugend oder eine trügerische Illusion?

Der berühmte französische Dichter Marcel Proust[3] galt gegenüber seinen Freunden als besonders großzügig, unterhaltsam, bescheiden und achtsam. In Wahrheit litt er unter Gefallsucht, die ihn daran hinderte, aufrichtig mit seinen Freunden umzugehen. So überschüttete er seine Gastgeber nicht nur mit Komplimenten, sondern gab ein Vermögen für Blumen und charmante geistreiche Geschenke aus. Er war ein Meister in der Kunst, sich Freunde zu machen, die ihn bewunderten. Das lag auch in seiner Fähigkeit zur Selbstverleugnung in Gesprächen: »Wenn wir uns mit einem anderen Menschen unterhalten ... sind wir nicht mehr wir selbst ... wir passen uns dem Fremden vielmehr so weit an, bis unser Selbst sich von dem seinen nicht mehr unterscheidet.«

In seinem Meisterwerk »Auf der Suche nach der verlorenen Zeit« demaskierte Proust dann umso gnadenloser viele seiner Freunde, noch dazu so, dass sie sich schnell wiedererkannten. Ausgestattet mit einer unglaublichen Feinfühligkeit sezierte er die verborgenen Schwächen des menschlichen Herzens, die kleinen und großen Lügen, die hinter liebenswürdigen Reden verborgenen Absichten. Freunde waren für Proust nur ein holder Wahn, dem wir im Laufe des Lebens huldigen, von dem wir aber in der Tiefe unseres Verstandes wissen, dass er der Irrtum eines Narren ist. Proust suchte in Freundschaften vor allem Wärme und Zuneigung. Gespräche mit Freunden hatten für ihn überhaupt keinen intellektuellen Wert, sie seien genauso vergeblich wie der Versuch, sich mit einem Möbelstück geistig auszutauschen. Proust kam für sich zu dem Schluss: »Ich verrichte meine intellektuelle Arbeit im Stillen, und wenn ich mit meinesgleichen zusammen bin, ist es mir nicht so wichtig, ob sie intelligent sind, solange sie nur freundlich und ehrlich sind.«

Prousts Methode, Stimmungen und Emotionen mit großer Geduld und Präzision zu analysieren, lag auch in seiner Arbeitsweise begründet. Ein schweres Asthmaleiden zwang ihn, den größten Teil seines Hauptwerkes im Bett zu schreiben. Er litt zusätzlich unter extremer Geräuschempfindlichkeit und Schlaflosigkeit. Freunde und Bekannte empfing er in seinem komplett mit Korkeiche ausgeschlagenen Zimmer gerne erst ab Mitternacht, weil er selbst bis zwei Uhr nachmittags zu schlafen pflegte. Prousts Interesse an menschlichen Beziehungen glich eher dem distanzierten Blick eines Botanikers auf Blumen als dem von jemandem, der beabsichtigte, mit einem Blumenstrauß sich selbst oder anderen eine Freude zu machen. Für Marcel Proust war Freundschaft letztlich nicht mehr als eine Illusion, die uns von der Tatsache ablenken soll, dass wir alle unwiderruflich allein auf der Welt sind. Das könnte allerdings daran gelegen haben, dass er die für ihn wichtigen Menschen überhaupt nie nahe genug an sich heranließ, um tiefere Freundschaften einzugehen.

Dieser extrem pessimistischen Sicht von Freundschaft hätte Aristoteles[4] heftig widersprochen. Er sah in Freundschaft eine der höchsten und schönsten Tugenden im Leben eines Menschen: Ein Leben ohne Freunde ist ein gescheitertes Leben. Wo Freunde sind, da braucht es keine Gerechtigkeit, denn Freunde sind sich bereits gerecht. Freunde lieben sich für das, was man ist und für nichts anderes. Freundschaft ist Liebe und geliebt wird das Liebenswerte, das Gute – und das Gute ist der Freund. Doch auch Aristoteles gestand ein, dass Tugendfreundschaften selten sind und ganz besonderer Voraussetzungen bedürfen. »Eine vollkommene Freundschaft gibt es nur zwischen guten und an Rechtschaffenheit sich gleichstehenden Menschen.« Daher sei es ratsamer, wenige, doch dafür gute Freunde zu haben. Bei vielen muss man seine Aufmerksamkeit zu sehr aufteilen und neige dazu, diese in Zweckfreundschaften umzuwandeln. Wahre Freundschaften brauchen Zeit, eine gemeinsame Geschichte mit Erinnerungen, geteiltem Schmerz und zelebrierter Freude. Doch wie weit muss Freundschaft gehen?

Würden wir einen Freund vor der Polizei verstecken?

Eine Untersuchung in verschiedenen Kulturen stellte folgende Frage: Ein guter Freund von Ihnen hat jemanden ermordet und bittet Sie, ihn bei sich zu verstecken. Wie reagieren Sie? In Westeuropa lehnten 80 Prozent der Befragten das ab, weil sie bei einem so schweren Verbrechen das Gesetz über die Freundschaft stellen. In Afrika würden sich dagegen 90 Prozent auf die Seite ihres Freundes stellen, weil die soziale Beziehung extrem wichtig und das Vertrauen in den Rechtsstaat gering ist.

Das Verständnis von Freundschaft unterliegt eben kulturellen Prägungen. Bei ersten Begegnungen mit Amerikanern lassen sich viele Europäer beeindrucken, mit welcher Offenheit sie diese schon nach kürzester Zeit nach Hause einladen, tiefe Einblicke in ihr Leben gewähren und sie als ihre Freunde vorstellen. Leider stellt sich nach einem Jahr manchmal heraus, dass da nicht viel mehr an Tiefe ist, die sie teilen könnten. Die Einstellung ist, Menschen schnell zu Freunden zu machen, sich zu freuen, wenn man von ihnen hört oder sie trifft, aber wenn nicht, dann macht es auch nichts. Deshalb sind US-Amerikaner freilich nicht prinzipiell oberflächlicher als Europäer, sondern historisch anders geprägt. In dem klassischen Einwanderungsland spielte die Fähigkeit, in einer neuen Umgebung schnell Kontakte knüpfen zu können, eine wichtige Rolle, um nicht isoliert zu werden. Tiefere Beziehungen blieben daher in den USA vor allem der Familie vorbehalten. Derartige »kulturelle Unterschiede« im Verständnis von Freundschaft trennen nicht nur Nationen voneinander, sondern auch innerhalb ein und desselben Landes gibt es Regionen, in denen Freundschaften eher schnell geschlossen werden, wie im Rheinland, oder wo man sich deutlich reservierter verhält, wie in Norddeutschland.

Psychologieprofessor Jaap Denissen sieht sogar einen Zusammenhang zwischen der Zahl der Freundeskontakte in einem Land und der Stimmung der Bevölkerung. Ein Vergleich der OECD-Länder ergab: In den USA oder Griechenland, wo die Menschen oft in Kontakt zu ihren Freunden stehen, ist das Selbstwertgefühl der Bürger höher als in Ländern wie Ungarn oder Japan, in denen die Menschen weniger Zeit mit ihren Freunden verbringen. »Das war ein sehr starker Effekt«, sagt Denissen. »Man kann die Länder in einem Diagramm wirklich auf einer Linie platzieren.« Deutschland liegt darauf im Mittelfeld.[5]

Was heißt wahre Freundschaft?
Ein moralisches Dilemma

Gar nicht so wenige Menschen finden es heute nicht verwerflich, gelegentlich Haschisch zu rauchen. Der Besitz von Haschisch für den Eigenverbrauch wird daher in den meisten westlichen Staaten entweder gar nicht oder zumindest nicht drakonisch bestraft. In vielen asiatischen Staaten ist das ganz anders. Wer in Singapur mit mehr als 200 Gramm Cannabis-Harz (Haschisch) aufgegriffen wird, gilt als Drogenhändler und wird gehenkt.

Egal wie Sie selbst zu Drogen stehen, versetzen Sie sich bitte in folgende Situation:[6] Gemeinsam mit Ihren besten Freunden Daniel und Joe wollen Sie während einer längeren Asienreise auch in Singapur nicht auf den gewohnten Pot verzichten. Die Warnung bei der Einreise nehmen Sie alle drei nicht ernst. Es erweist sich als nicht besonders schwierig, sich mit ausreichendem Vorrat zu versorgen. Sie finden ein Privatquartier, in dem Sie sich mit Ihren Freunden sicher fühlen. Nach drei Wochen reisen Sie mit Joe weiter, Daniel hat eine junge Chinesin kennengelernt und möchte noch eine Zeit in Singapur bleiben. Eines Morgens stürmen Polizisten die Wohnung und finden in mehreren Verstecken den restlichen gemeinsamen Vorrat, der in der Summe knapp über 200 Gramm Haschisch beträgt. Diese Menge wird nun Daniel allein zugerechnet. Er wird verhaftet und wegen Drogenhandels angeklagt. Sein Anwalt kann glaubhaft machen, dass seine beiden Freunde, Joe und Sie, Mitbesitzer der Drogen waren und der Anteil von Daniel daher deutlich unter den 200 Gramm liegt. Der Staatsanwalt bietet folgenden Deal an: Wenn Joe und Sie freiwillig nach Singapur zurückkehren, dann würden alle drei zu je zehn Jahren Gefängnis verurteilt. Falls nicht, wird Daniel, wie im Gesetz vorgesehen, gehenkt.

Gehen Sie davon aus, dass Sie Daniel genauso eng verbunden sind wie Ihrem tatsächlich besten Freund und den gleichen Anteil an Schuld auf sich geladen haben. Nun kommt Daniels Vater zu Ihnen und bittet Sie verzweifelt, sich in Singapur zu stellen, um so seinen Sohn vor dem Galgen zu retten. Joe hätte sich bereit erklärt, das zu tun, es läge nun an Ihnen. Tun Sie es?

Sollte Ihnen das moralische Dilemma mit der Todesstrafe zu drastisch erscheinen, bedenken Sie bitte, dass diese in 58 Staaten nach wie vor angewendet wird. Nun zu Ihren Freunden:

Für welchen Ihrer Freunde wären Sie bereit, für zehn Jahre Ihres Lebens ins Gefängnis zu gehen, um Ihren Anteil einer Schuld auf sich zu nehmen und ihn vor einem Todesurteil zu bewahren?

Welchem Ihrer Freunde trauen Sie zu, dass er für Sie seinen Anteil an einer Schuld übernehmen würde, um Sie vor einem Todesurteil zu bewahren?
Wer sind Ihre wahren Freunde?

---

1 Als Quellen für die Geschichte dienten das YouTube-Video »500 Miles, Two Best Friends, and One Wheelchair« und der Bericht »Mann schiebt seinen Freund 800 Kilometer im Rollstuhl« in Focus online vom 22.7.2014.
2 Aristoteles hat sich in seiner »Nikomachischen Ethik« ausführlich mit Freundschaft auseinandergesetzt.
3 Die Zitate von Marcel Proust stammen aus Alain de Botton: Wie Proust Ihr Leben verändern kann, Frankfurt am Main 2000, S. 128–157.
4 Vergleiche Aristoteles, Nikomachische Ethik
5 Claudia Wüstenhagen: Das Geheimnis der Freundschaft, in: Zeit online, 7.12.2010
6 Die Geschichte der drei Freunde ist ein Gedankenexperiment, um das moralische Dilemma aufzuzeigen. Sie ist inspiriert durch den Film »Für das Leben eines Freundes« (Originaltitel: »Return to Paradise«), der in Malaysia spielt.

2. Du sollst nicht mehr als drei wahre Freunde haben

»Keine Einöde ist so traurig, als ohne Freund zu sein. Die Freund-schaft vermehrt das Gute und verteilt das Schlimme: Sie ist das ein-zige Mittel gegen das Unglück und ist das Freiatmen der Seele.«

Baltasar Gracián

Wir haben 50 lose, 15 gute und 3 echte Freunde im Leben, dazu kommen 130 Facebook-Friends – sagt zumindest die Statistik. Der Anthropologe Robin Dunbar hat ermittelt, dass Menschen nicht mehr als fünf tief gehende Beziehungen gleichzeitig einge-hen können, weil sonst ihr Gehirn von der Komplexität überfor-dert wird. Da eine Liebesbeziehung noch mehr fordert, zählt diese doppelt und es bleibt nur noch Raum für drei gute Freunde. Wer davon überzeugt ist, mehr als drei wahre Freunde zu haben, der sollte sich reich beschenkt fühlen – oder fragen, ob seine Defini-tion von Freundschaft stimmt.

Die Inflation des Begriffes »Freund« begann lange vor Face-book. Das ursprüngliche, sehr selektiv gebrauchte Wort »Freund« wird heute schlampig verwendet, weil es oft bequem ist, ohne viel Nachdenken »Das ist ein Freund« zu sagen. Dadurch haben wir dem Wort Unrecht angetan und zu dessen Wertverlust beigetra-gen. Viele Freunde sind in Wahrheit nicht einmal nahe Bekannte. Scheinbar über Nacht wimmelt es von Abermillionen »Friends«

und »Follower« in der Welt. Kein Facebook-Freund wird je für uns einkaufen gehen, wenn wir es selbst nicht schaffen, keiner erwartet umgekehrt von uns, dass wir ihn trösten und helfen, wenn er uns braucht. Für »Mir geht es gerade schlecht« gibt es kein »Like it«.

Die Befürchtung, dass die Jungen heute aufgrund von Facebook und digitaler Kommunikation nicht mehr in der Lage sind, tief gehende Freundschaften einzugehen, ist trotzdem unbegründet. Spricht man mit jungen Menschen, ist diesen selbstverständlich der Unterschied zwischen ihren wenigen wahren Freunden und der großen Zahl ihrer »Friends« bewusst. So wie früher in der Brieffreundschaft der Mensch und nicht der Brief im Mittelpunkt stand, verstehen sie soziale Netzwerke als eine willkommene Gelegenheit, trotz großer Distanzen mit Freunden zu kommunizieren und jene am eigenen Leben teilhaben zu lassen. Dass es keine App gibt, die die Freunde ersetzt, wenn sie alle weg sind, verstehen junge Menschen ganz genau. Eine einfache Wahrheit gilt für alle Generationen: Wer es in seinem ganzen Leben auf drei echte Freunde bringt, die ihm beistehen, wenn er sie wirklich braucht, der hat viel richtig gemacht.

Was sind wir bereit, für unsere Freunde zu tun?

Eine brandaktuelle Umfrage der GfK SE[1] erforschte das Verständnis von Freundschaft von Menschen in Deutschland: 93,5 Prozent würden sich Zeit für ihre Freunde nehmen, auch wenn sie selbst gerade keine hätten. Deutlich geringer ist die Bereitschaft zu helfen, wenn es um Geld geht. Nur 40,9 Prozent würden einem

Freund 5.000 Euro borgen – im reichen Bayern gar nur 29,8 Prozent. Dafür hätten 60 Prozent der Befragten kein Problem damit, für einen Freund zu lügen, um ihm aus einer unangenehmen Situation zu helfen. Ihren Freund vor der Polizei zu verstecken, weil er eines schweren Verbrechens verdächtigt wird, können sich dagegen nur 22,9 Prozent vorstellen. Die größte Überraschung liefern die Antworten auf die wohl härteste Frage: »Wären Sie bereit, Ihre wahren Freunde in den Monaten vor ihrer letzten Stunde intensiv zu begleiten?« Darauf antworten sagenhafte 86,1 Prozent mit Ja, von den Frauen sogar fast 90 Prozent. Genauer betrachtet zeigt die hohe Zustimmung auf diese Frage zwei Aspekte: Erstens hat Freundschaft einen extrem hohen Wert für die Menschen, der bis zur Aufopferung geht. In der Theorie gilt »Ich bin für dich da«. Zweitens wird dieser hohe Anspruch in der Lebensrealität leider nicht einmal annähernd erreicht, wie wir im Kapitel »Du sollst dir bewusst sein, dass es keine Freunde für das ganze Leben gibt« sehen werden.

Wie viele wahre Freunde haben wir wirklich?

Für Christoph ist ein Gedankenexperiment, das er im Laufe der Jahre immer wieder gemacht hat, der Gradmesser dafür, wie viele Freunde er hat: »Ich stelle mir dabei die Frage, wie viele Menschen auf mein Begräbnis kommen würden. Und zwar an einem Vormittag unter der Woche im Sommer, wenn alle entweder auf Urlaub oder sehr beschäftigt sind. Wie vielen Menschen wäre ich als plötzlich verstorbener Freund so ein Anliegen, dass sie trotzdem kommen würden? In meiner Einschätzung wäre diese Zahl ab meinem 18. Lebensjahr ständig angestiegen und hätte dann mit

40 den Höhepunkt von geschätzten 300 Menschen erreicht, darunter Persönlichkeiten aus Sport, Wirtschaft und Politik. Ab meinem Vierziger häuften sich auf einmal massiv wirtschaftliche Schwierigkeiten in meinem Leben und der Kreis meiner sogenannten Freunde reduzierte sich dramatisch. Ich war auf einmal nicht mehr wichtig genug und konnte nicht mehr jede Woche in ein teures Innenstadtlokal einladen. In dieser Phase hätte ich optimistisch auf 20 Freunde gehofft, die zu meinem Begräbnis gekommen wären. Damals habe ich das erste Mal ernsthaft in meinem Leben darüber nachgedacht, was Freundschaft bedeutet. Durch diesen Prozess bin ich zur Erkenntnis gelangt, dass Freundschaft im Unbewussten entsteht. Das stelle ich mir wie im Film ›Avatar‹ von James Cameron vor, wo es einen Lebensbaum gibt, an dem man sich ankoppeln kann und manchmal bildet sich eine tiefe synaptische Verbindung oder eben nicht. So wie es die Liebe auf den ersten Blick gibt, glaube ich an die Freundschaft auf den ersten Blick. Einmal holte ich einen mir entfernten Bekannten meiner Frau vom Flughafen ab und innerhalb kurzer Zeit waren wir echte Freunde. Dabei hatten wir am Anfang nicht einmal eine gemeinsame Sprache, wir verständigten uns mit Händen und Füßen sowie Bruchstücken der englischen Sprache. Diese Freundschaft erwies sich als extrem belastbar. In einer schweren Krise rief ich ihn an, nicht wirklich wissend, ob er die gleiche Verbundenheit für mich empfand wie ich für ihn. ›Kannst du mir helfen?‹, fragte ich ihn. Er antwortete nur: ›Wie?‹ Am nächsten Tag stieg er ins Flugzeug. Als er am Flughafen durch die Türe ging, umarmten wir uns und ich empfand tiefe Dankbarkeit, ihn als Freund zu haben. Für diesen Menschen würde ich fast alles tun. Heute zähle ich nicht mehr die Zahl meiner Freunde, die zu meinem Begräbnis kommen würden, sondern wie viele aus seinem

Holz geschnitzt sind. Da komme ich auf vier Menschen«, erzählt Christoph aus seinem Leben. Das Thema bewegt ihn sichtlich.

Für Freundschaften gibt es keine Bauanleitungen wie für eine Lego-Figur mit blauen, roten und gelben Steinen. Alles beginnt mit der Fähigkeit, sich in die Gefühlswelt des Freundes zu versetzen, seine Bedürfnisse und Sehnsüchte, aber eben auch seine Verletzlichkeiten zumindest zu erahnen. Ein überraschendes Kriterium für die Wahl des »besten Freundes« zeigte sich in einer Längsschnittstudie in Tacoma, Washington. Studenten sollten ein Jahr lang ihre gleichgeschlechtlichen Freundschaften bewerten. Aus Faktoren wie erlebter Nähe, gegenseitiger Unterstützung und Häufigkeit der Kontakte ließ sich berechnen, welche Freundschaften über Jahre hinweg Bestand hatten. Aber nur ein einziger Faktor war entscheidend dafür, wer vier Jahre später als »bester Freund« bezeichnet wurde: das Gefühl, von ihm in der eigenen Identität anerkannt und bestätigt zu werden. Offenbar bezogen die Freunde ein großes Plus an Selbstwertgefühl durch ihren »besten Freund«. Die Studie kommt zu dem Schluss, dass wir unsere besten Freunde nicht deshalb auswählen, weil sie so großartig sind, sondern weil sie uns das Gefühl geben, selbst großartig zu sein.[2]

Wir haben vielleicht hundert Bekannte oder Geschäftskontakte, aber niemand hat hundert Freunde. Bei wahren Freunden sollten wir tiefer dringen wollen und können. Dieses Bedürfnis nach Tiefe muss auf Gegenseitigkeit beruhen. Seelenverwandtschaft ist wortloses Verstehen. Alles ist so klar, dass wir Situationen einfach gar nicht besprechen müssen. Wir entwickeln ein Gefühl dafür, wie es dem anderen geht, auch wenn wir durch große Distanzen getrennt sind. Selbst wenn wir uns fünf Jahre nicht sehen würden, könnten wir sofort wieder an unsere Freundschaft anknüpfen. In dem Moment, wo wir jemanden als echten Freund bezeichnen, sollten wir selbst wissen, was wir von ihm erwarten und was wir bereit sind zu geben. Was ist überhaupt die Qualität einer Freundschaft?

Konrad leidet an einer unheilbaren Krankheit, seine letzte Stunde steht nicht unmittelbar bevor, aber sie rückt näher. Gemeinsam mit seiner Frau reflektiert er sein Leben. Seine Frau fragt ihn: »Wer ist dein bester Freund?« – »Der Elemer Benyari«, antwortet Konrad. »Was ist denn das für eine Freundschaft, ihr seid nirgends gemeinsam hingefahren und habt selten Zeit miteinander verbracht.« Darauf Konrad: »Es hat immer gehalten. Der Punkt ist, dass unsere Freundschaft auf einer so starken mentalen Ebene angesiedelt ist. Die Welt hätte untergehen können, aber die Frage, ob unsere Freundschaft zerbrechen könnte, ist nie aufgetaucht. Da war so eine starke Qualität drin, dass ich heute, wo sich der Bogen in meinen Leben schließt, nur sagen kann: erstaunlich.«

Warum gibt es Menschen, die gar keine Freunde haben?

»Ich liebe die Menschen. Nur die Vorstellung, mit einem von ihnen das Zimmer zu teilen, ist mir unerträglich.«

Fjodor Dostojewski

Auch wenn es für manche unglaublich klingen mag, Hunderttausende Menschen hatten noch nie die Möglichkeit, mit einem Freund in vertrauensvoller Atmosphäre ihre tiefsten Gefühle und

Sorgen zu teilen. Ein Grund dafür liegt in bestimmten Persönlichkeitstypen. Manche Menschen haben von klein auf gelernt, sich selbst zu genügen, oft ausgelöst durch frühe Ablehnungs- oder Frustrationserlebnisse. Im späteren Leben finden sie ihre Erfüllung in ihrer Familie, im Beruf, in Büchern, der Musik, in Hobbys oder einfach im Nachdenken über sich und die Welt. Trotzdem taucht mitunter auch bei ihnen die Frage auf, warum sie keine richtigen Freunde haben. Ein Grund dafür kann sein, dass sie wohl früh erfahren mussten, wie schmerzhaft Freundschaft sein kann, und daher beschlossen, diese Form von Leid aus ihrem Leben auszuschließen.

»Meine Ansprüche an Freundschaften sind so hoch, vielleicht weil ich oft enttäuscht wurde. Ich habe mich als Einzelkind immer nach einer besten Freundin gesehnt und geglaubt, diese in meiner Sitznachbarin in der Schule gefunden zu haben. Ohne mir etwas zu sagen, hat sie sich am ersten Schultag nach den Sommerferien einfach neben eine andere Schülerin gesetzt. Da habe ich verstanden, dass diese Freundschaft offenbar einseitig und somit aus war. Das hat mich fürchterlich getroffen«, erzählt Anna. »Seit ich erwachsen bin, erwarte ich gar nicht, dass es einen Freund geben könnte, der mir sowohl bei praktischen Dingen wie beim Umzug helfen als auch, wenn es darauf ankommt, auf mein Kind aufpassen würde. Ich stelle fest, dass es unter meinen vielen Bekannten fast niemanden gibt, mit dem ich mich von mir aus unbedingt einzeln treffen müsste. Ich bin durchaus Menschen begegnet, die ich gerne als beste Freunde gehabt hätte, aber offenbar war ich für die nicht interessant genug, um engere Beziehungen einzugehen. Trotzdem bin ich gerne unter Menschen, die ich interessant, humorvoll und geistreich finde. Wenn ich alle einlade, die ich gerne habe, komme ich kaum unter hundert. Für mich gibt es einen großen Unterschied zwischen Zeit mit Menschen gemeinsam zu verbringen und exklusiven Beziehungen außerhalb meiner Familie. Den großen Wert von Freundschaft für mein Leben kann ich einfach nicht, vielleicht noch nicht, erkennen.«

Zu den prominenten Freundschaftsskeptikern zählt der dreifache Formel-1-Weltmeister Niki Lauda: »Ich sage immer, dass ich wirklich keine Freunde habe und dazu stehe ich auch. Gerade seit dem Unfall musste ich mich immer um alles selber kümmern. Ich glaube, dass es nur wenige Menschen gibt, die das Problem eines anderen objektiv beurteilen können. Die meisten interpretieren ihre eigenen Erfahrungen mit hinzu. Das habe ich relativ schnell gelernt und dadurch selten um Hilfe gebeten. Außerdem ist es klar, dass man mehr und mehr ›Freunde‹ bekommt, je berühmter man wird. Und die kann man wirklich vergessen, das sind dann keine wirklichen Freunde. Es gibt Menschen, für die ich mich interessiere und aus deren Erfahrungen und Aussagen nehme ich mir das heraus, was für mich persönlich relevant ist, um mich weiterzubilden. Ich würde aber wirklich nicht sagen, dass es jemanden gibt, den ich Tag und Nacht anrufen könnte. So gehe ich durch mein Leben.«[3]

Hinter der Aussage »Ich habe keine Freunde« können sich sowohl Menschen mit sehr hohen Erwartungen als auch verschlossene verbergen, die sich schwer tun, sich für enge, vertrauensvolle Beziehungen zu öffnen. Legt man die Ansprüche so hoch, dass sie kein Mensch mehr erfüllen kann, wird man irgendwann allein sein. Hat man ein archaisches Bedürfnis, dass Freunde immer da sein, stets das Telefon abheben, ständig intellektuell spannend sein müssen und zusätzlich nie enttäuschen, nie kränken dürfen, landet man tatsächlich bei Niki Laudas Einstellung. Wobei man zu dessen Ehrenrettung sagen muss, dass ihm seine »Ich habe keine Freunde«-Punzierung offenbar so zu schaffen macht, dass er sie in Interviews zu relativieren beginnt.[4]

Die Zugehörigkeit zu einer bestimmten sozialen Gruppe oder die Lebensumstände erschweren ebenfalls die Bildung tiefer Freundschaftsbeziehungen. Introvertierte Singles ohne Kinder, die weder Kontakt zum Freundeskreis eines Partners noch zu anderen Eltern haben, können leicht den Anschluss verlieren. Wohnen sie dann noch abgelegen und arbeiten sie hauptsächlich von zu Hause aus, wird es noch schwerer. Ehemalige Freunde scheuen die weite Rückfahrt und lehnen Einladungen mit freundlichen Ausreden ab. Erfolgreichen Menschen fehlt in ihren produktivsten Jahren oft die Zeit, um sich einen Kreis wahrer Freunde aufzubauen, der über die klassischen Pärchenabende hinausgeht. Die geringe frei verfügbare Energie wird in die Familie investiert, zerbricht diese, bleiben wenige soziale Beziehungen übrig. Das gilt genauso für denjenigen, der sich primär um die Kinder gekümmert hat, wie für den Partner, der vorrangig seine Karriere betrieben hat.

Ein bestimmter Persönlichkeitstypus? Frühe Ablehnungserfahrungen mit daraus abgeleiteten unerfüllbaren Ansprüchen? Angst vor Nähe und Öffnung? Schwierige Lebensumstände? Egal welche tatsächlichen oder eingebildeten Gründe dafür verantwortlich sind, warum Menschen keine Freunde finden, sie sollten sich rechtzeitig die in diesem Buch immer wiederkehrende Grundsatzfrage stellen: Hat das mit mir zu tun?

Freundschaft braucht Lachen und
magische Augenblicke

Mindestens einmal im Jahr unternehmen Astrid und Jutta eine gemeinsame Reise. Diesmal geht es in ein Schlösschen, wo sie mit neun anderen Frauen ein Wochenende unter dem Motto »Singen und Kochen« planen. Schon bei der Hinfahrt können sie der Versuchung nicht widerstehen, Schuhe zu kaufen. Beide lieben Schuhe. In der ersten Nacht im Zimmer bilden sie einen Kreis aus ihren neuen und den bereits mitgebrachten Schuhen und brechen beim Zählen in einen Lachkrampf aus. Kein Wunder, kommen sie doch auf 17 Paar für drei Tage. Das Kunstwerk wird natürlich fotografiert und an Freundinnen verschickt. Typischerweise wird das gemeinsame Lachen in dieser Form aber nur miteinander erlebt, weil der Auslöser für andere gar nicht nachvollziehbar wäre. Das ist ein Funke, der überspringt und in einer Lachorgie endet, die in ihrer Ausgelassenheit und Vertrautheit an die Kindheit erinnert.[5] Die folgenden zwei Tage mit »Singen und Kochen« bieten ebenfalls viel Gelegenheit zum Lachen. Jutta kann überhaupt nicht singen, aber sie liebt Musik und scheut sich nicht, falsch, dafür umso leidenschaftlicher mitzusingen. Beide Frauen mögen gutes Essen, die gemeinsame Vorbereitung erhöht den Lustgewinn; kochen, kosten und dann das Mahl genießen. Das verbindet Astrid und Jutta auf einer sinnlichen Ebene.

Freundschaft verzaubert, sie macht gute Zeiten noch besser und lässt uns die schlechten vergessen. Freundschaft verlangt Intimität, daraus können magische Augenblicke entstehen. Was fördert solche besonderen Erlebnisse? Hannah erzählt, wie wichtig für sie Naturerfahrungen sind: »Bei einer Segeltour mit Freunden wechselten wir uns bei einer Nachtquerung bei der Nachtwache ab. Dabei entwickelte sich bei Vollmond, glitzerndem Meer und dem langsamen Dahingleiten mit einem Freund ein wunderschönes Gespräch. Ein magischer Moment, der sich in der Gruppe wohl nie so ergeben hätte.«

50 Jahre wahre Freunde – die Geschichte von Ellen und Claudia

Freunde fürs Leben sind so selten geworden wie Ehen, die halten, »bis der Tod sie scheidet«. Aber es gibt sie.

Die neue Gemeinschaft der ersten Klasse eines Gymnasiums in Linz hat sich schon gebildet, da heißt es plötzlich, es käme noch eine neue Schülerin aus Amerika dazu. Die kleine Ellen tritt bereits mit ihren elf Jahren als Frau von Welt auf, begeistert die Klasse mit ihrer schicken Kleidung und ihrer Ausstrahlung. Auch Claudia ist fasziniert von Ellen und es entsteht eine enge Beziehung zwischen den Mädchen. Beide begegnen sich von Anfang an auf Augenhöhe, weil die eher mittelmäßige Schülerin Ellen die Vorzugsschülerin Claudia für ihr großes Wissen bewundert. Als Ellen mit ihrer Mutter von Linz nach Wien übersiedelt, hält die Freundschaft und zerbricht nicht wie die meisten Schulfreundschaften an äußeren Umständen. In dieser Zeit lange vor Facebook und Mobiltelefonen schreiben sich die Freundinnen lange Briefe und besuchen sich gegenseitig. Die Freundschaft übersteht im Laufe der Jahre die Ehen, Scheidungen und Partnerschaften der beiden. »Männer kommen und gehen, aber unsere Freundschaft bleibt«, lachen beide Frauen.

Die erste wirkliche Krise in der Freundschaft zwischen Ellen und Claudia bricht erst nach 45 Jahren aus. Claudia fühlt sich immer mehr durch Ellens Erwartungen überfordert. Da Ellen eine Wohnung am Attersee besitzt, gehört es zum jahrelang gepflegten Ritual, dass sie mit Claudia dort im Sommer eine Woche verbringt. Ellen freut sich ungemein auf diese gemeinsame Zeit, während Claudia, die beruflich sehr gefordert ist, versuchen muss, die Ansprüche ihres Lebenspartners mit den Wünschen ihrer Freundin auszugleichen. Als Claudia Ellen vorschlägt, diesmal gemeinsam mit ihrem Partner zu kommen, bricht für Ellen eine Welt zusammen. In Claudia tauchen ebenfalls explosionsartig negative Gefühle gegenüber der Freundin auf, die sie lange unterdrückt hat. Die Erwartung, wesentlich verantwortlich für das Glück ihrer Freundin zu sein, erdrückt sie. Claudia fühlt sich ohnehin zwischen den Ansprüchen ihres erfüllenden, aber zeitaufreibenden Berufes als Regisseurin, ihrer Kinder und ihres Lebenspartners zerrieben.

Die Frage, mit wem sie ihre kostbare Woche im Sommer verbringen soll, stürzt sie in ein Dilemma. Sie will es allen recht machen, daher ihre Idee, nicht zwischen ihrem Partner und Ellen zu entscheiden und einen damit zu verletzen, sondern die Zeit gemeinsam zu verbringen. Dieser Kompromiss löst genau das Gegenteil aus. Ellen hat sich riesig auf diese Tage gefreut und alles perfekt vorausgeplant. Der Termin ist lange vereinbart und aus ihrer Sicht kann Claudia aufgrund ihres ausgeprägten Harmoniebedürfnisses einfach wieder einmal nicht Nein sagen und eine klare Entscheidung treffen – nämlich für sie. Ein heftiges Gewitter bricht zwischen den Freundinnen am Telefon aus; mit Blitz und Donner, Tränen und, am schlimmsten, dem ersten Kontaktabbruch seit 45 Jahren. Das Erschrecken, dass so etwas zwischen ihnen passieren kann, führt schließlich nach drei Wochen zur Versöhnung. Beide erkennen ihren eigenen Anteil an der Krise, überfrachtete Erwartungen einerseits und Überforderung andererseits.

Man spürt die besondere Atmosphäre zwischen den beiden Frauen, wenn Ellen in ihre Seele blicken lässt: »Diese Nähe, die ich zu Claudia habe, spüre ich sonst zu niemandem. Die Tiefe der Freundschaft ist immer mehr geworden. Ich glaube nicht, dass ich es schaffen würde, wenn Claudia etwas passiert. Das ist für mich unvorstellbar. Für mich bist du mein Lebensmensch. Ich wünsche mir, dass ich zuerst sterbe. Das sollte dir aber keine Schwere geben.« Claudia antwortet mit belegter Stimme: »Jetzt, wo du das sagst, ist es natürlich schwer für mich.«

»Wirklich gute Freunde sind Menschen, die uns ganz genau kennen und trotzdem zu uns halten.«

Marie von Ebner-Eschenbach

---

1 Die Umfrage der GfK SE wurde im Auftrag von Benevento Publishing in der Zeit zwischen dem 2. und 9. September 2016 exklusiv für dieses Buch durchgeführt. Die repräsentative Stichprobe umfasste ca. tausend Männer und Frauen im Alter ab 14 Jahren in der Bundesrepublik Deutschland.
2 Sarah Zimmermann: »Die Gesetze der Freundschaft«, in: Spektrum.de, 11.4.2013
3 Interview von Anne Facompre vom 4.10.2013
4 Interview in News vom 23.7.2016, S. 82 ff.: Nichts zu verschenken? Keine Freunde? Von wegen!
5 Ellen Müllers »Zum Glück gibt es Lachen« bietet eine Einführung in »Lachyoga – der Weg zur heiteren Gelassenheit«.

3. Du sollst akzeptieren, dass Freundschaften zwischen Männern und Frauen nur selten funktionieren

Liebe und Freundschaft – eine Gratwanderung im Angesicht der letzten Stunde

Peter galt als einflussreicher Musikjournalist, der sogar Exklusiv-interviews mit Michael Jackson und Paul McCartney geschafft hatte. Beruflich extrem ehrgeizig, war er auch in seinem Privatleben getrieben, alles bis zum Äußersten auszuleben. Er lief mehrere Marathons, stopfte dazwischen Fast Food in sich hinein, um später zum Vegetarier zu mutieren, fuhr Autorennen im Seat-Ibiza-Cup, um danach völlig aufs Auto zu verzichten. Er suchte den Sinn in seinem Leben, indem er sich allein über die 350 Kilometer lange Trans-Zanskar-Trekking-Tour im Norden Indiens zwang. Er versuchte für ein Buch das Geheimnis der Osterinseln zu entschlüsseln, um nach zwei Monaten zu entdecken, dass es keines gab.

Die 24-jährige Radiomoderatorin Sylvia kannte diesen faszinierenden, ein wenig seltsamen Mann durch ihren Freund, der einer der besten Freunde von Peter war. Petzi, wie sie ihn nannte, lud sie zur Eröffnung seiner großen Beatles-Ausstellung ein, in die er seine gesamten Ersparnisse investiert hatte. Sylvia fiel auf, dass er furchtbar aussah, völlig abgemagert und fertig. Als sie ihn darauf ansprach, reagierte er empört, er habe eben viel zu tun gehabt.

Einige Wochen später, Sylvia hatte sich gerade von ihrem Freund getrennt, vereinbarte sie mit Peter, gemeinsam Skifahren zu gehen. Vorher hätte er noch eine Untersuchung, sagte er ihr. Kurz vor dem geplanten Skiwochenende meldete sich Peter. Bei der Ultraschalluntersuchung wäre etwas aufgetaucht, das dringend untersucht werden müsste. Zwei Tage später wurde Peter mehrere Stunden lang operiert. Sylvia war eine der Ersten, die ihn besuchten. Die Krankenschwester fragte, ob sie zu Peter gehöre, was Sylvia, ohne viel nachzudenken, bejahte. Dieses »Ja« löste eine Kettenreaktion aus. Als wäre sie irrtümlich statt in die gewohnte U-Bahn nach Hause in einen Expresszug mit unbekanntem Ziel eingestiegen, fand sich Sylvia plötzlich in einem Film wieder, in dem sie die Hauptrolle der aufopfernden Geliebten spielte. Die Ärzte eröffneten Sylvia die lebensbedrohliche Diagnose, die wenig Hoffnung ließ. Es ginge eher um Tage, bestenfalls Wochen, nicht um Monate. »Um Gottes willen«, dachte Sylvia und setzte sich an sein Bett. Als er zu sich kam, fragte er: »Was ist los mit mir?« Sylvia wollte ihm nicht die bittere Wahrheit eröffnen, sondern antwortete ihm nur, dass er ernsthaft krank sei, Genaueres wisse sie nicht. »Aber wenn es einer schafft, dann du.« Ihre Aussage war keine Lüge, weil sie Peters mentale Stärke kannte. Sylvia besuchte Peter in jeder freien Minute, die ihre Arbeitszeit zuließ.

Bei einem Besuch in der zweiten Woche nach seiner Diagnose merkte Sylvia selbst als medizinische Laiin sofort, dass etwas nicht stimmte. Peters Haut war gelb, die Geräte zeigten Werte weit außerhalb des Normalbereichs an. Als Sylvia entsetzt den Arzt verlangte, antwortete dieser routiniert: »Jetzt versagen seine Nieren, das ist bald vorbei.« Peter konnte kaum mehr reden, daher schrieb er Sylvia mit letzter Kraft die Telefonnummer des Herausgebers des Magazins auf, für das er als Journalist arbeitete. Von ihrem Büro aus rief sie ihn an: »Peter hat mich gebeten, Ihnen zu sagen, dass er Hilfe braucht.« – »Ich helfe ihm doch ohnehin«, donnerte der für sein impulsives Wesen bekannte Herausgeber ins Telefon. »Ja, aber jetzt ist es wirklich ernst.« Sylvia gelang es nur mühsam, dem aufgeregten Mann, der sie ständig unterbrach, die Lage zu schildern. Verzweifelt kehrte sie ins Spital zurück und sah nur mehr das leere Bett von Peter. Das Schlimmste befürchtend raste sie ins Schwesternzimmer, wo man ihr mitteilte, dass »ihr Mann« in ein anderes Spital verlegt worden war.

Der Herausgeber erwies sich nicht nur als impulsiver, sondern auch als durchsetzungsstarker Mann, der mit zwei Anrufen veranlasst hatte, dass man seinen langjährigen Mitarbeiter binnen zwei Stunden ins modernste Spital der Stadt brachte, ihn dort an ein Dialysegerät anschloss und so seine versagenden Nieren in letzter Sekunde rettete. Die verantwortlichen Ärzte hatten sich, vor die vom Herausgeber angebotenen Alternativen »Entweder, der kommt innerhalb einer Stunde zur Dialyse, oder wir schreiben eine Geschichte, wie Ihr Spital mit Patienten umgeht« gestellt, schnell für die weniger öffentlichkeitswirksame Variante entschieden, obwohl sie normalerweise jemanden in einem so kritischen Zustand nicht mehr behandelt hätten. Manchmal läuft ein Leben wie im Film ab: Die junge Frau wächst über sich hinaus und rettet gemeinsam mit einem mächtigen Mann das Leben eines Todgeweihten.

Langsam erholte sich Peter wieder und es gelang ihm sogar, einmal eine Runde auf dem Flur seines Stockwerks zu gehen. Als er nach einigen Wochen nach Hause durfte, fühlten sich Sylvia und Peter wie Helden, die das Schicksal besiegt hatten. Der Herausgeber zeigte sich großzügig und schenkte Peter einen Urlaub auf Lanzerote, den dieser natürlich mit Sylvia verbrachte. Sie erfüllte dabei eher die Rolle der Krankenschwester und Seelentrösterin als die der romantischen Begleiterin. Peter war noch immer sehr schwach, kämpfte mit massiven Verdauungsproblemen und lag daher fast die ganze Zeit im Zimmer. Zwei Tage vor dem Rückflug fiel Sylvia auf, dass er sich mehr als üblich bemühte, seine Launen ihr gegenüber zu beherrschen. Am letzten Abend machte er eine für seine Verhältnisse mutige Liebeserklärung. Er begann damit, ihr zu erzählen, wie er sie aus seiner Sicht kennengelernt und dabei falsch eingeschätzt hatte. Dann reflektierte er die bisherigen Beziehungen seines Lebens und verglich diese mit Sylvia, um dann zum Schluss zu kommen: So müsste es sein. Daher sei er davon überzeugt, dass sie die Richtige sei. Ihm sei natürlich bewusst, dass sie nicht die Partnerin eines Todkranken sein wolle. Er werde es aber schaffen, völlig gesund zu werden und dann könnten sie zwei gemeinsam leben. Sylvia fühlte sich überfordert, weil sie ihn nie als Geliebten, sondern als Freund sah, dem sie in schweren Zeiten beistehen wollte. Sie versuchte, die heikle Situation zu umschiffen, doch von diesem Augenblick an baute sich bei ihr Druck auf.

Nach der Heimkehr folgten auf kurze Erholungsphasen immer schwerere Rückfälle. Sylvia wich fast nie von Peters Seite, saß an seinem Krankenbett, wenn die gesamte Musik- und Künstlerprominenz auftauchte, und begleitete ihn, wenn es möglich war, zu Events. Alle gingen davon aus, dass sie Peters Partnerin war, da aber niemand nachzufragen wagte, gab es nichts zu dementieren. Sylvia konnte sich durchaus mit ihrer Rolle an seiner Seite identifizieren und entwickelte sogar einen gewissen Stolz darauf, wie wichtig sie für ihn war.

Nachdem sich Peter lange an sein Leben geklammert hatte und von einer Expedition zum Südpol träumte, sah er immer klarer die Aussichtslosigkeit seines Kampfes gegen die Krankheit. Er magerte bis auf Haut und Knochen ab, konnte Nahrung fast nicht mehr behalten und zwei Operationen wurden abgebrochen. Diese Erkenntnis belastete das Verhältnis zu seinen Freunden. Besucher empfing er mit den Worten: »Bitte nicht fragen, wie es mir geht, und keine Alternativtherapien.« Wenn Freitagnachmittag das Handy zu läuten begann, hob er nicht ab, sondern kommentierte vor Sylvia: »Jetzt machen sie alle noch ihren Anruf, bevor sie sich ins Wochenende verabschieden, das brauche ich nicht.« Dabei steckte hinter den Anrufen seiner Freunde der Versuch, ihm zu zeigen: »Wir denken an dich.« Auch Sylvia gegenüber wurde er immer zynischer und abweisender. Brachte sie ihm frische Blumen ins Krankenzimmer, musste sie sich »Ist ja schon wie auf dem Friedhof« anhören. Sylvia riss es hin und her zwischen dem Gefühl, nicht seine Erwartungen zu erfüllen, und der Erkenntnis, dass Peter einfach mit seiner Todesangst kämpfte, wenn er plötzlich sagte: »Ich möchte jetzt wirklich wissen, wie das alles ausgeht.« Irgendwann hielt sie die Belastung nicht mehr aus und hörte auf, ihn zu besuchen. Natürlich erwartete Sylvia, dass er sie von sich aus anrufen würde, immerhin hatte sie zwei Jahre an seiner Seite verbracht. Peters Anruf kam nie.

In der letzten Phase wurde Peter nach Hause zu seinen Eltern verlegt. Sylvia erkundigte sich über Freunde, wie es ihm ging. Peter fragte nie nach ihr. Als sie erfuhr, dass Peters letzte Stunde nahte, entschloss sie sich, ihn trotz ihrer Enttäuschung zu besuchen. Seine Eltern empfingen Sylvia überglücklich wie eine Erlöserin: »Wo warst du denn so lange?« Sie kämpfte mit den Tränen und dann sah sie Peter im Bett liegen, der fast kein Leben mehr in seinem Körper zu haben schien. Als die Mutter ihren Besuch mit den Worten »Peter, die Sylvia ist da« ankündigte, bäumte er sich kurz auf. Sylvia setzte sich an seine Seite und hielt seine Hand. Kein Wort fiel, sie kämpfend mit ihren Schuldgefühlen und Tränen, er einfach zu schwach. Nach stundenlangem Schweigen brach seine schroffe Aufforderung »Ich brauche die Harnflasche« die Spannung und stellte wieder das Gefühl der alten Vertrautheit her. Sylvia besuchte ihn danach noch zweimal, fand Peter aber nicht mehr ansprechbar. Er verstarb am 30. Juni 1997.

Fragt man Sylvia heute, ob ihre Beziehung zu Peter Liebe, Freundschaft oder etwas ganz anderes war, fühlt sie sich sofort in die Zeit zurückversetzt:

»Ich glaube, es war beides – allerdings keine Liebe oder Freundschaft, wie sie zwischen Mann und Frau üblicherweise definiert wird. Wir waren uns sehr nahe. Vor allem hatten wir wirklich viel Zeit für ernsthafte Gespräche und intensive Stille, die dennoch mit dem Wesentlichsten gefüllt war. Uns beiden war von Anfang an klar: Wir gehen diesen schweren Weg zusammen. Und ich glaube, dass ich ohne Liebe – nicht im romantischen Sinne – nicht dazu fähig gewesen wäre, Petzi so lange Halt zu geben. Ich bin überzeugt davon, dass Petzi nach einer Zeit des Abstandes, weil wir kein Paar geworden wären, heute mein guter Freund wäre. Gelernt habe ich durch ihn und sein Schicksal, dass man zu sich stehen und sich selbst gut behandeln muss, um ein glückliches Leben führen zu können. Das erfordert Kraft und Konsequenz. Beides hatte Petzi. Leider hat er diese Energie nicht immer gut für sich selbst genutzt. Das wollte ich ihm oft aufzeigen. Wohl, um mich selbst ein Stück zu heilen. Die Aufgabe wäre gewesen, mich besser abzugrenzen. Das hätte nicht bedeutet, dass ich nicht alles genau so für ihn getan hätte, manche Erwartungen von ihm an mich hätte ich allerdings rechtzeitig abklären müssen. In Wahrheit stehe ich beim Thema Freundschaft immer vor der Aufgabe, dass ich mich abgrenze und auf mich schaue. Sein Tod hat mir auf jeden Fall eines beigebracht: Das Leben ist viel zu kurz und viel zu schön, um es mit unwichtigen Dingen zu vergeuden. Das hört sich nach einem Klischee an, aber es ist so wahr.«

Die ungewöhnliche Geschichte von Sylvia und Peter ist nur eine von unzähligen Beispielen dafür, wie oft sowohl Liebe als auch Freundschaft mit geheimen Sehnsüchten und unerfüllbaren Erwartungen überfrachtet sind. Tiefe Freundschaften zwischen Frauen und Männern sind prinzipiell möglich, aber viel komplexer als gleichgeschlechtliche Freundschaften.

Im Grenzgebiet zwischen Freundschaft, Liebe und Sexualität

Die Schriftstellerin Elena Ferrante seziert den Unterschied von Liebe und Freundschaft: »Amicizia, Freundschaft geht auf das lateinische ›amor‹ zurück und hat viele Merkmale der Liebe, vor allem den unsicheren Stand der Verbindung (bedeute ich ihr so viel wie sie mir?), die Angst vor Untreue und das Gefühl des Sinnverlustes, wenn die Beziehung zerbricht. Aber sie hat nicht die Absolutheit der Liebe und soll sie auch nicht haben. Liebe neigt dazu, die Welt auf den Geliebten zu reduzieren, Freundschaft hilft uns, in der Welt zu sein.«[1]

Zwischen den klar umgrenzten Territorien der Liebe und der Freundschaft liegt ein riesiges Niemandsland, in dem zwei Menschen schnell die Orientierung verlieren können. Sigmund Freud würde sagen, dass Sexualität in jeder Freundschaft verborgen ist, selbst zwischen heterosexuellen Männern oder Frauen. Die Möglichkeiten der Grenzübertretungen zwischen Freundschaft und Liebe sind vielfältig, wie die folgenden kurzen Geschichten zeigen werden.

Wenn Männer mehr als Frauen wollen: Tanja hat schon oft erlebt, dass Männer, die sie geistig faszinierten, mehr als Freundschaft von ihr wollten. Deshalb will sie aber nicht mit jedem Mann, der sie interessiert, gleich eine Beziehung haben. Immer wieder trifft sie auf Männer, die für sie menschlich extrem wichtig sind, ohne mit ihnen gleich ins Bett springen zu wollen. Aus ihrer Erfahrung weiß sie aber, wie stark das sexuelle Begehren bei manchen Männern alles überlagert. Vor allem, wenn Männer schon lange keine fixe Partnerin mehr hatten, laufen sie Gefahr, in jeder Frau, die sie kennenlernen, eine potenzielle Geliebte zu sehen, um die Erfüllung all ihrer Wünsche in sie zu projizieren. Sobald der Druck zu stark wird, scheut Tanja sich nicht, klar auszusprechen, was sie will und was nicht: »Ich mag dich sehr und liebe die Gespräche mit dir.« Das kränkt die Männer oft in ihrer Eitelkeit, sie fühlen sich ertappt und streiten ihr Begehren ab. Besonders unangenehm war für Tanja eine derartige Erfahrung an ihrem Arbeitsplatz, wo sich ein nicht erhörter Mann vom liebevollen Kollegen zum bösen Intriganten wandelte. Lernt Tanja heute einen Mann kennen und spürt irgendwann, dass erotische Erwartungen aufkommen, so gibt sie dem einmal Raum und Zeit und versucht, das nicht sofort zu schubladisieren.

Mögliche Erkenntnis: Forscher baten Studierende, Fotos von andersgeschlechtlichen Personen zu betrachten. Wahlweise sollten sich die Probanden dabei vorstellen, dass es sich um Verwandte, gute

Freunde oder Unbekannte handelte und dass sie mit diesen Sex hätten. Die Teilnehmer reagierten erwartungsgemäß heftig ablehnend, wenn sie einen » Verwandten« vor Augen hatten. Bei der Vorstellung, das Foto zeige enge Freunde, waren Frauen deutlich stärker abgeneigt als Männer, sich Sex vorzustellen.[2] Diese und andere Studien zeigen, dass viele Männer mit ihren platonischen Freundinnen auch gerne Sex hätten, während Frauen in ihren männlichen Freunden definitiv keine potenziellen Sexpartner sehen.

Die Sehnsucht, sich selbst wieder spüren zu können: Laura und Moritz sind von der ersten Begegnung an voneinander intellektuell fasziniert und spüren auch eine starke körperliche Anziehung. Beide sind verheiratet und haben Kinder. Sie sprechen ihre Gefühle klar aus und beschließen, ihre Ehen nicht durch eine Affäre zu gefährden. Es entsteht eine tiefe Freundschaft, in der das Feuer des Begehrens im Untergrund lodert. Zwei Jahre vermeiden beide gefährliche Situationen und bestätigen einander immer wieder, wie sehr sie ihre reine Freundschaft genießen. Immer öfter tauschen sie sich über die Alltagsroutine und den Mangel an Romantik in ihren Ehen aus. Sie genießen das Prickeln bei jedem Zusammentreffen. Ihre Sehnsucht danach, sich mithilfe des anderen »wieder zu spüren«, beginnt mit kleinen Berührungen und wird immer mächtiger. Der Schlagertext »Tausendmal berührt, tausendmal ist nix passiert. Tausend und eine Nacht und es hat Zoom gemacht« wird Wirklichkeit, als die Frau von Moritz mit den Kindern ihre Mutter besucht und er Laura zu sich nach Hause einlädt. Laura betrügt ihren Mann das erste Mal in ihrer Ehe, aus ihrer Freundschaft mit Moritz wird eine geheime Affäre.

Mögliche Erkenntnis: Wenn aus Freundschaft Leidenschaft wird, sind Menschen bereit, alles zu riskieren, was sie im Leben aufgebaut haben – Ehe, Familie und auch die Freundschaft.

Erst kommt Sex, dann wird Freundschaft möglich: Martin hat zum Thema Freundschaft mit Frauen eine klare Meinung: »Wenn ich eine attraktive Frau kennenlerne und es zusätzlich eine intellektuelle oder emotionale Anziehung gibt, dann baut sich eine Fantasie bei mir auf. Kommt es dann zu einem sexuellen Verhältnis, kann eine entspannte schöne Freundschaft mit dieser Frau entstehen. Einige meiner besten Freundinnen sind Frauen, mit denen ich eine sexuelle Affäre oder eine Beziehung hatte. Solange das Sexuelle nicht ausgelebt ist und immer dahinbrodelt, kann ich keine Freundschaft mit einer Frau eingehen. Daher gibt es in meinem Leben keinen Freundschaften mit Frauen, mit denen ich nichts hatte. Vielleicht ändert sich das, wenn ich reifer werde.«

Mögliche Erkenntnis: Für manche Menschen muss die Sexualität zumindest einmal ausgelebt werden, bevor für sie eine entkrampfte Freundschaft mit dem anderen Geschlecht möglich wird.

Die Frau, die aus Freundschaft mit einem Mann schläft: Nina ist eine offenherzige, körperbewusste Frau, die männliche Freunde von sich aus immer wieder gerne berührt, auch wenn sie nichts von ihnen will. Damit löst sie bei Jürgen Erwartungen aus, die sich lange nicht erfüllen. Sie ist fasziniert von seinem Intellekt und seiner menschlichen Reife. Er genießt die Freundschaft mit ihr, sieht sie als Seelenverwandte, die ihn mit ihrer erotischen Ausstrahlung verzaubert, und hofft auf mehr, ohne ihr seine Liebe je zu gestehen. Im Laufe der Jahre heiratet Nina einen anderen, hat ein Kind mit ihm und lässt sich wieder scheiden. In all den Jahren bleibt die Freundschaft mit Jürgen aufrecht und sie weiß, dass er sie noch immer begehrt. 15 Jahre nach ihrem ersten Rendezvous schläft sie zweimal mit ihm, weil sie hofft, dass ihre Freundschaft durch die ausgelebte Sexualität von unbewussten

Fantasien befreit werden könnte. Jürgen ist kurzfristig euphorisch und glaubt, endlich ihre Liebe zu gewinnen. Liebe kann und will Nina ihm aber nicht geben. Jürgen muss sich entscheiden. Kann er damit leben, dass ihn Nina intellektuell und emotional ungeheuer schätzt, aber in ihm eben keinen Partner sieht? Beide wollen einander nicht verlieren. Die Freundschaft hält, trotz der emotionalen Aufladung.

Mögliche Erkenntnis: Wenn einer an der Freundschaft intellektuell interessiert ist, während sich der andere Liebe erhofft, wird das eine unrunde Geschichte mit Leiden und enttäuschten Hoffnungen.

Warum Frauen schwule Männer mögen: Hape Kerkeling beschreibt in seinem Buch »Ich bin dann mal weg« wunderbar, warum schwule Männer von Frauen besonders geschätzt werden. Auf dem Jakobsweg lernt Kerkeling die Engländerin Anne kennen und versteht sich sofort prächtig mit ihr. Trotzdem gibt sie sich distanziert und interpretiert seine Freundlichkeit als Anmache. Nach einigen Kilometern Wanderung bittet er sie, kurz anzuhalten und gibt eine knappe offizielle Erklärung ab: »Hör zu, Anne. Ich will keinen Sex mit dir. Ich bin schwul.« Anne stutzt kurz und bekommt dann einen scheinbar nicht enden wollenden Lachkrampf. Als sie wieder einigermaßen reden kann, sagt sie erleichtert: »Entschuldige Hans, ich dachte, du bist so freundlich, weil du etwas von mir willst. Ich habe leider einige negative Erfahrungen mit Männern auf diesem Weg gemacht.« Von diesem Augenblick an löst sich die Spannung und eröffnet die Möglichkeit zu einer kurzen, aber tiefen Reisefreundschaft auf dem Jakobsweg.

Mögliche Erkenntnis: Homosexuelle Männer sind geradezu ideal für Freundschaften mit Frauen. Sie sind meist mitfühlend, verfügen über eine gut entwickelte Ästhetik und haben vor allem keine verdeckten sexuellen Absichten gegenüber ihren Freundinnen.

Freundschaft ist eine Entscheidung, die man treffen kann,
ohne zu leiden

Über einen gemeinsamen Freund lernt Klaus Sandra kennen. Der
Freund weiß, dass beide Single sind und lässt Klaus noch vor dem
ersten Treffen wissen, er sei davon überzeugt, Sandra wäre die per-
fekte Partnerin für ihn. Tatsächlich erweist Sandra sich als attraktive, liebenswerte und hochintelligente Frau. Das erste Treffen endet nach einem Restaurantbesuch erst um Mitternacht, es folgen
weitere Begegnungen mit bereichernden Gesprächen und der Ent-
deckung vieler Gemeinsamkeiten. Sogar eine gemeinsame Reise
nach Südamerika wird angedacht. Dazu kommt es aber nicht,
Sandra fährt mit einer Freundin. Klaus, der Sandra nicht durch
plumpe Annäherungsversuche abschrecken will, muss irgendwann erkennen, dass diese zu keiner Partnerschaft mit ihm bereit
ist. Sie erzählt ihm bereitwillig von ihren schwierigen bisherigen
Beziehungen, beide verbringen lange Nächte miteinander, bei ihm
und bei ihr zu Hause, doch die rote Linie wird dabei von ihr so klar
signalisiert, dass nicht einmal Worte notwendig sind. Nach zehn
Jahren heiratet Sandra einen Mann, den sie erst kurz davor kennengelernt hat. Klaus gibt sich Affären hin, bis auch er eine stabile
Beziehung eingeht. Sandra und Klaus verbindet seit fast 20 Jahren
eine tiefe Freundschaft, sie tauschen sich offen über heikle Themen in ihren Beziehungen aus, weil großes Vertrauen herrscht.

*Mögliche Erkenntnis: Männer können lernen, sich in einer
Freundschaft zu einer Frau von der Erwartung zu trennen, dass diese
durch ausgelebte Sexualität ihr Leben prinzipiell glücklicher, sinn-
voller und freudiger machen würde. Ja, aus Liebe kann Freundschaft
werden. Es bleiben die tiefen Gefühle erhalten, die aber nicht mehr
in dem Wunsch gipfeln, den anderen zu besitzen.*

Partner als beste Freunde

Freundschaft wird oft auch in Partnerschaften erwartet und gelebt: »Er ist mein bester Freund, mein Lebensmensch, mit dem ich Freud und Leid teilen kann.« Man spricht dann von freundschaftlicher Liebe im Gegensatz zur emotional-leidenschaftlichen Liebe. Manche Menschen sehen in einer glücklichen Ehe eine tiefe Freundschaft plus guter Sexualität. Kann das stimmen?

Die Psychotherapeutin Caroline Kunz meint dazu: »Freundschaft ist für mich das Salz des Lebens. Fast noch mehr als Partnerschaften, weil Freundschaften oft stabiler als Partnerschaften sind. Ein Grund dafür ist, dass die Sexualität in echten Freundschaften keine Rolle spielt. Freundschaft muss sich in diesem Bereich nicht dauerhaft bewähren, kann daher auch nicht daran zerbrechen, wenn sie verloren geht, weil sie eben nie da war. Trotzdem sind Liebesbeziehungen, ob in Ehe oder Partnerschaft, für mich etwas anderes, weil gerade die Sexualität, wenn sie funktioniert, die Chance auf eine tiefere körperlich-seelische Bindung ermöglicht.«

Echte Freundschaften ermöglichen andere Blickwinkel als eine glückliche Liebesbeziehung, sind aber kein Ersatz dafür. Liebe kann einseitig sehr lange funktionieren. Gar nicht selten liebt einer mehr als der andere in einer Partnerschaft oder Ehe. Freundschaft braucht dagegen wechselseitiges Interesse, sonst versandet sie schnell. Sucht der eine Freundschaft und der andere Liebe, wird es komplex. Die Wahrscheinlichkeit, dass Freundschaft unter diesen Voraussetzungen scheitert, ist hoch.

Und die Quintessenz?

Die große Ambivalenz beim Thema platonische Freundschaften bestätigt sich auch in der aktuellen Umfrage der GfK SE für dieses Buch.[3] So glauben 48,4 Prozent der Frauen, dass Männer in der Lage sind, Freundschaften mit Frauen ohne sexuelles Begehren einzugehen, 31 Prozent verneinen die Frage und 20,6 Prozent sind sich unsicher. Befragt man dagegen die Männer, ob sie sich vorstellen können, mit einer ihrer platonischen Freundinnen auch Sex zu haben, bejahen das immerhin 28,8 Prozent, während 43,3 Prozent Nein sagen und 26,8 Prozent es nicht wissen – oder nicht sagen wollen. Wirklich interessant wird es, wenn man sich die unterschiedlichen Altersgruppen genauer ansieht. Unter den 20- bis 29-jährigen Männern wächst der Wunsch, auch Sex mit ihren Freundinnen zu haben, signifikant, während die Frauen platonische Freundschaften wollen. Ab 30 sinkt bei den Frauen dann offenbar aufgrund ihrer Erfahrungen das Vertrauen in platonische Freundschaften deutlich.

Die Sorge von Frauen, dass sich manche ihrer männlichen Freunde mehr erwarten, ist durchaus berechtigt, daher müssen sie mit den Signalen, die sie aussenden, vorsichtig sein. Frauen sollten Tapferkeit vor dem Freund lernen und falsche Erwartungshaltung von Männern rechtzeitig klar ansprechen. Freundschaft zwischen Männern und Frauen kann dauerhaft nur funktionieren, wenn beide das Gleiche wollen. Voraussetzung dafür ist, dass auf beiden Seiten mit offenen Karten gespielt wird. Sonst dient Freundschaft zum Trost für nicht erwiderte Liebe, was Leiden schafft und Freundschaften zerstört. Mit zunehmender Reife im Leben sollten wir lernen zu akzeptieren, wenn wir von einem

Freund nicht als potenzieller Partner gesehen werden, selbst wenn wir das gerne wollten. Haben wir im frühen Erwachsenenalter ein stabiles Selbstwertgefühl entwickelt, so werden wir die sexuelle Abgrenzung von Freunden nicht als Ablehnung unserer gesamten Persönlichkeit interpretieren, sondern zu schätzen wissen, was uns für diese liebenswert macht.

Wahre Freundschaften zwischen Frauen und Männern sind so selten wie rosa Delphine – umso schöner können sie sein, wenn sie gelingen.

---

1 Interview im Spiegel vom 20.8.2016, S. 110, mit der Autorin eines hoch gelobten Werkes über die Lebensfreundschaft zweier neapolitanischer Frauen. Sie publiziert unter dem Pseudonym Elena Ferrante. Der Titel des ersten Bandes heißt »Meine geniale Freundin: (Kindheit und frühe Jugend)«.

2 J. M. Ackerman, in: Evolution, and Human Behavior 28/2007, S. 365–374

3 Die Umfrage der GfK SE wurde im Auftrag von Benevento Publishing in der Zeit zwischen dem 2. und 9. September 2016 exklusiv für dieses Buch in der Bundesrepublik Deutschland durchgeführt.

4. Du sollst dir bewusst sein, dass es keine Freunde für das ganze Leben gibt

Der Kriminalpsychologe Thomas Müller spricht gerne mit völlig unterschiedlichen Menschen, Multimillionären und Serientätern, Reihenhausbesitzern und Obdachlosen, psychisch gesunden und schwer gestörten Personen. Allen stellt er dieselbe Frage: »Wie vielen Menschen vertrauen Sie absolut?« Das Ergebnis ist immer das Gleiche: ein, zwei, drei oder gar keinem. Manche antworten, dass sie nicht einmal sich selbst vertrauen. Der Grund für diese sehr kleine Anzahl, denen Menschen vertrauen, liegt für Müller in den Enttäuschungen, die sie erleben mussten, weil sie Vorstellungen hatten, die andere gar nicht erfüllen konnten. Wahre Freundschaft öffnet sich erst dann, wenn sich zwei Menschen von ihrer eigenen Bedeutung gelöst haben, weil dann gemeinsame Bedeutung entstehen kann. Deswegen werden Freundschaften mit bescheidenen Menschen oft als so angenehm erlebt. Jene haben den Gedanken »Nimm dich persönlich manchmal nicht so wichtig, wenn du ein guter Freund sein willst« stark verinnerlicht.

Der Freund fürs Leben verlangt die bedingungslose Treue. In der Freundschaft dominiert aber wie in der Liebe die Lebensabschnittspartnerschaft. Denken wir die Idee der Freundschaft fürs Leben konsequent zu Ende, so konfrontiert sie uns mit Fragen, vor denen wir meist zurückscheuen: Wer würde seinen besten Freund bei einer schweren unheilbaren Krankheit wie Multipler Sklerose jahrelang besuchen oder gar pflegen?

Die Erfahrung beantwortet diese Frage unbarmherzig. Nach der Diagnose einer todbringenden unheilbaren Krankheit verlieren Menschen 85 Prozent ihrer Freunde, meint der Psychotherapeut Wolfgang Krüger.[1] Zwar helfen wir Menschen, zu denen wir eine enge Beziehung haben, gerne, aber die ständige Bedürftigkeit des anderen halten auf Dauer nur wenige aus. Der Alltag eines Schwerkranken und der eines Gesunden klaffen irgendwann so weit auseinander, dass diese Belastung die Freundschaft überstrapaziert. Viele können es einfach nicht ertragen, den Freund mit dem Tod ringen zu sehen, nicht nur aus Mitgefühl, sondern weil sie nicht an ihre eigene Sterblichkeit erinnert werden wollen. Freundschaft ist ein Geschenk, kein Vertrag, den man einklagen kann.

Doch selbst ohne schwere Krankheit halten die besten Freundschaften ganz selten ein Leben lang, sondern im Durchschnitt 24 Jahre. Statt über den Verfall der Familie und die Auflösung der Institutionen zu lamentieren, können wir etwas tun: unsere Freundschaften pflegen. Aber wie? Müssen wir tatsächlich ständig an unseren Freundschaften arbeiten, vor allem jenen, die uns wichtig sind?

Die verlorene Freundin – Paula und Marie

Marie, eine der engsten Freundinnen von Paula, erkrankte mit Anfang 30 schwer. Die bedrohliche Diagnose für ihre Freundin erschütterte Paula. Sie versuchte alles zu tun, um ihrer Freundin beizustehen. Tage- und nächtelang recherchierte sie über die

Krankheit, schaltete ihr Netzwerk ein, um Unterstützung zu mobilisieren, bot ihr an, sie zu Behandlungen zu begleiten, schrieb und telefonierte stundenlang vor und nach Untersuchungen, weinte mit ihr, hoffte mit ihr, war auf Abruf bereit. Paula ging so weit, dass sie sich ihre langen Haare abschnitt, als Marie ihre Haare aufgrund der Behandlung abschneiden musste. »Freunde haben mich gewarnt, dass ich mich zu sehr verzehre«, erinnert sich Paula. »Doch Marie hat Unglaubliches geleistet, sie ist in dieser Zeit über sich selbst hinausgewachsen, hat die Verantwortung für ihre Heilung übernommen und es war mir sehr wichtig, für sie da zu sein. Doch dann geschah etwas, womit ich keine Erfahrung hatte. Maries Persönlichkeit veränderte sich aus meiner Sicht.« Die Freundin entwickelte immer radikalere Ansätze zu verschiedenen Themen und begann Paula und ihrer Familie Vorschriften zu machen, von Politik bis zur Ernährung.

Im Rahmen eines Besuchs kam es zu einem heftigen Streit. Ein Wort ergab das andere und die Freundinnen gingen schließlich schweigend auseinander. Als Paula tagelang nichts von Marie hörte, schrieb sie der Freundin eine E-Mail. Doch Paulas Versuch, ihre Sichtweise von Maries Verhalten zusammenzufassen, löste bei Marie eine Welle von Vorwürfen aus, die Paula völlig überrollte – bis hin zu dem Vorwurf, nicht genug für Marie da gewesen zu sein. »Dabei fühlte ich eine Grenze überschritten, die mich fassungslos machte. Dann wütend, dann traurig. Aber vor allem fassungslos.« Nach einem Austausch tief verletzender E-Mails kam es zum Bruch.

In einem ersten Anlauf war es Marie, die sich wieder meldete, um vielleicht zu reden. Doch der Bruch saß tief, und so wurden aus Wochen Monate und aus Monaten Jahre.

Der Wunsch aber, dass es Marie gut ginge, ließ Paula die Zeit über nicht los. Und die Sorge. Schließlich meldete Paula sich und fragte in einer E-Mail nach: »Wie geht es dir?« Marie antwortete sofort und schrieb, sie freue sich, von Paula zu hören. Es ginge ihr richtig gut.

»Da war ich nicht mehr fassungslos, nicht mehr traurig, einfach so froh, dass es ihr gut ging. Damit konnte ich den Konflikt loslassen. Die Überzeugung, dass auch Freundschaft Grenzen respektieren müsse, blieb. Und dass jeder Mensch andere Grenzen hat.«

Die Frage »Was hat dieser Bruch in mir ausgelöst?« bewegt Paula bis heute. Sie landet immer wieder bei dem gleichen Ergebnis: »Loyalität ist für mich eine Fahnenfrage, weil ich sie in meiner Kindheit nicht erfahren habe, als ich sie gebraucht hätte. Ich habe gelernt, den Schein zu wahren. Aber irgendwann sind wir erwachsen und dann können wir Entscheidungen treffen, die wir als Kinder nicht treffen konnten. Wir können Dinge akzeptieren und Dinge verändern, uns unterscheiden.« Ein zweiter Konflikt mit einer engen Freundin brachte Paula die Chance dazu.

Die gerettete Freundin – Paula und Angelika

Vereinfacht gesagt ging es bei dem Konflikt mit ihrer Freundin Angelika um eine Auseinandersetzung zum Thema Kinderziehung. Anlass dafür war ein gemeinsames Abendessen bei Angelika und ihrem Mann. Paulas Sohn spielte den ganzen Abend brav in einer Ecke. Beim für ein Kind späten Essen bestand ihr Sohn dann darauf, seinen Cowboyhut aufzulassen. Die Frage, ob man das erlauben oder verbieten müsse, löste eine Diskussionslawine über elterliche Autorität und Kindsein aus. Eines führte zum anderen. Wieder wurden E-Mails ausgetauscht. Paula spürte in sich ähnliche Gefühle wie beim Bruch mit Marie aufkeimen, wollte aber diesmal nicht sofort ihrer Empörung nachgeben. Sie musste zur Kenntnis nehmen, dass es für sie als Mensch, der offen seine Meinung vertritt, immer wieder zu Konflikten und Kränkungen auch in engen Freundschaften kommen konnte. Dieses Mal aber wollte Paula die Gelegenheit wahrnehmen, zu lernen damit umzugehen.

Was wenn nicht die Bereitschaft, für eine Freundschaft zu kämpfen, unterschied diese sonst von einer Bekanntschaft? Musste Freundschaft eine glatte Oberfläche haben oder vertrug sie auch Narben? Paula traf eine Entscheidung. Sie öffnete sich dem Prozess, sich einander wieder anzunähern. Nach zahlreichen Gesprächen schafften es beide Frauen gemeinsam, anzuerkennen, dass es einen fundamentalen Bereich gibt, in dem sie konträrer Meinung sind. Und dies würde sich auch nicht ändern. Doch Paula entwickelte die Möglichkeit in sich, dies akzeptieren zu können, ohne dass es automatisch zum Ausschlusskriterium werden müsse.

Bis heute verbindet beide Frauen eine authentische und starke Freundschaft. »Für mich war es eine wertvolle Erfahrung, dass Freundschaften tief greifende Auseinandersetzungen überleben können und man sich wieder aufeinander verlassen kann. Ich habe gelernt, in einer Freundschaft den anderen nicht zu bewerten. Wie wichtig es ist, einander heil zu lassen. Dann kann man wieder aufeinander zugehen und gemeinsam an der Erfahrung wachsen.«

Warum wir uns nicht darauf verlassen sollten, im Alter neue Freunde zu finden

Die »Bucket List«, übersetzt »Löffelliste«, ist die Liste jener Dinge, die man in seinem Leben noch tun will, bevor man den Löffel abgibt. Der Film »Das Beste kommt zum Schluss« mit Jack Nicholson und Morgan Freeman über eine Freundschaft, die angesichts des Todes soziale Schranken überwindet, regte viele Menschen an, über ihre »Bucket List« nachzudenken. Es gibt aber auch die gegenteilige Liste, die »Liste der unmöglichen Dinge«. Diese beinhaltet Vorhaben, die man ab einem bestimmten Alter gar nicht oder nur mehr schwer machen kann. Das betrifft auch unsere Freundschaften.

Wie alles Kostbare, sind wahre Freunde nicht beliebig vermehrbar. Wir unterschätzen die Tatsache, dass wir in der reifen Lebensphase nur mehr jene Freundschaften haben werden, die wir im Laufe unseres Lebens geschlossen haben. Diese Erkenntnis ist so schmerzhaft, dass wir sie gerne verdrängen.

»Die Freunde, die ich habe, reichen mir, in neue Beziehungen will ich mich gar nicht mehr einbringen«, erzählt die 79-jährige Beatrix. Jedes Ausbrechen aus ihrer engen Komfortzone erfordere ungemein viel Energie, die sie immer seltener aufbringe. »Ich kann einfach nicht mehr so, wie ich will. Die ständigen Medikamente rauben mir Energie und ich merke, wie sich meine Persönlichkeit verändert hat, wenn ich daran denke, wie aktiv ich früher auf neue Menschen zugegangen bin.«

Seniorenwohngemeinschaften funktionieren, so gut die Idee theoretisch ist, meist nicht wirklich. Das Konzept sieht vor, dass jeder Bewohner sein eigenes kleines Zimmer als Rückzugsmöglichkeit hat und die Wohnung dafür mit einem großzügigen Wohnbereich ausgestattet ist, der zu Begegnungen, gemeinsamen Aktivitäten und letztlich zu menschlicher Nähe animieren soll. Die soziale Realität zeigt oft das Gegenteil. Die Bewohner ziehen sich in ihr Zimmer zurück. Das gemeinsame Wohnzimmer wird als »Niemandsland« gesehen, das nur betreten wird, wenn dies unbedingt notwendig ist. Wer glaubt, dass dieses Phänomen auf ihn sicher nicht zutreffen würde, der stelle sich eine einfache Frage: Wie wäre es, wenn er plötzlich mit einem wildfremden Menschen in seinen eigenen vier Wänden leben müsste, weil ihm dieser zugewiesen wurde? Glaubt er, dass eine tiefe menschliche Beziehung entstehen könnte?

Mehrere Studien mit Zehntausenden Teilnehmern haben bewiesen, dass ein einsamer Mensch, unabhängig von seinem Alter und Gesundheitszustand, mit doppelt so hoher Wahrscheinlichkeit im nächsten Jahr sterben wird als einer, der sozial gut eingebunden ist. Keine Freunde zu haben ist eine enorme seelische Belastung, weil wir unsere Sorgen mit niemandem teilen können. Daher ist die Angst vor dem Alleinsein tief in uns eingeprägt. Umso tragischer ist, dass mehr als die Hälfte der Bewohner von Pflegeheimen überhaupt keinen Besuch bekommen. Im vielen Pensionistenheimen herrscht nur oberflächlich eine angenehme Atmosphäre, die meisten Bewohner leben nebeneinander, oft gegeneinander – selten miteinander. Mit zunehmendem Alter vorverurteilen Menschen andere aufgrund der vielen Erfahrungen, die sie gemacht haben, ganz schnell. Sie werden kritischer und können ihre Lebenseinstellungen, Gewohnheiten und Werte nicht mehr ändern. Sie werden im Privatbereich empfindlicher und intoleranter gegen unangenehme Stimmen, Geräusche und Gerüche. Da reicht schon ein zu lautes Telefongespräch oder ein intensives Parfüm, um einen Kontakt abzubrechen.

Bei den älteren Menschen sind es vor allem die Frauen, die allein leben: Männer leben bis zum 82. Lebensjahr zu zwei Dritteln in Partnerschaften. Bei den Frauen ist hingegen schon ab dem 73. Lebensjahr mehr als ein Drittel (35,4 Prozent) allein, nur 49 Prozent leben in Partnerschaften. Vielen wäre schon geholfen, wenn sie überhaupt Freunde hätten. In den Niederlanden gibt es nun Freundschaftsprogramme, um ältere Frauen vor dem Alleinsein zu schützen. »Die Teilnehmerinnen bekommen sogar Hausaufgaben auf«, sagt Nan Stevens von der Radboud Universiteit Nijmegen, die das Programm entwickelt hat. »Sie müssen losziehen und bis zur nächsten Stunde eine neue Person kennenlernen.« Den positiven Effekt auf die Stimmung der Teilnehmerinnen konnte Stevens in Studien zeigen.

Natürlich wäre es möglich, altersübergreifende Freundschaften zu schließen. Wer sich zumindest einen Teil der kindlichen Neugier an anderen Menschen bewahren kann, wird auch im Alter leichter neue Freunde finden. Der Soziologe Heinz Bude von der Universität Kassel sieht in der Freundschaft sogar eine mögliche Rettung der alternden Gesellschaft, einen »dritten Weg« zwischen Familie und Partnerschaft auf der einen Seite und den überlasteten sozialstaatlichen Pflegeeinrichtungen auf der anderen. Denn wer kümmert sich um alte Menschen, die keine Kinder in der Nähe haben? Die Pflegeversicherung lasse für den sozialen Kontakt gerade einmal anderthalb Minuten Zeit, sagt Bude. Über ehrenamtliche Hilfe allein ließe sich das Problem nicht lösen. »Ich glaube, es ist für eine moderne Gesellschaft gar nicht anders zu bewältigen, als dass die Menschen auf Basis einer Verpflichtung, die nicht blutsabhängig ist, füreinander einstehen.«[2]

Man sollte sich allerdings keine Illusionen darüber machen, dass einen selbst beste Freunde dauerhaft betreuen würden. Man verbringt die letzte Stunde wohl wahrscheinlicher im Kreis der engsten Familie oder, wenn niemand mehr da ist, in einer Palliativstation im Krankenhaus. Die guten Freunde, die sich stunden- oder gar tagelang um das Totenbett versammeln, sind eine romantische Fiktion. Manchmal ist der letzte Freund kein Zwei-, sondern ein Vierbeiner.

Tiere als treue Begleiter am Lebensabend

»Tiere sind die besten Freunde. Sie stellen keine Fragen und kritisieren nicht.«

Mark Twain

Es stimmt traurig, wenn ein Mensch im Herbst seines Lebens sagt: »Mein Hund ist das Einzige, das ich noch habe.« Tiere zeichnet vor allem eine Qualität aus: Sie werten nicht. Attraktivität, Reichtum, Erfolg, Ansehen spielen für Tiere in ihrer Beziehung zu Menschen keine Rolle. Gerade alte Menschen können in diesen Kategorien meist nicht mehr mithalten.

Der Hund, der als treuester Freund des Menschen gilt, nimmt uns so, wie wir sind. Er ist viel weniger nachtragend als Menschen, wenn er sich schlecht behandelt fühlt. Der Hund bringt seinem Herrchen oder Frauchen eine selbstlose Zuneigung entgegen. Darum muss man Verständnis für Menschen aufbringen, die vielleicht menschliche Enttäuschungen erlebt haben und sich daher im Alter auf ihr Tier konzentrieren. Das Tier wird zum wichtigsten Lebensinhalt, die Verantwortung dafür ist der einzige Grund, jeden Tag aufzustehen, hinauszugehen und dem Tier etwas zu fressen zu geben. Das führt dazu, dass oft die größte Belastung für alte Menschen die Sorge ist, was mit ihrem Tier passiert, wenn sie einmal sterben. Sie haben Angst davor, dass es eingeschläfert wird oder im Tierheim landet. Diese Befürchtung ist leider begründet, weil Erben manchmal eindeutig gegen das Testament verstoßen und zwar das Geld annehmen, das Tier aber dann ganz schnell loswerden wollen.

Noch schlimmer sind die Sorgen älterer Menschen, die mit kleinsten Pensionen auskommen müssen und sich das Futter für ihren Liebling vom Mund absparen. Ist dann eine Operation – etwa eine neue Hüfte für den Hund für circa 3.000 Euro – unumgänglich, sind sie auf fremde Hilfe angewiesen. Maggie Entenfellner, Tierschützerin und Leiterin der »Tierecke« der »Kronen-Zeitung«: »Für alte Menschen in Finanznöten bedeutet es eine ungeheure Herausforderung, ihre Scham zu überwinden und bei uns anzurufen. Die sagen dann: ›Ich esse ohnehin schon selbst fast nichts mehr und spare beim Heizen, aber jetzt weiß ich nicht mehr weiter.‹ Wir von der ›Krone-Tierecke‹ sind zwar von außen betrachtet für den Tierschutz da, in der Realität sind wir aber vor allem eine Organisation, die Menschen hilft.« Maggie Entenfellner erzählt von einem Mann, der nicht mehr allein für sich sorgen kann und ins betreute Wohnheim muss. Er will seine geliebte Katze mitnehmen. Das wird ihm mit einer Vielzahl von bürokratischen Argumenten verboten, daraufhin droht er in seiner Verzweiflung mit Selbstmord. Der Mann ist am Ende. Erst über eine politische Intervention kann erreicht werden, dass seine Katze mit ihm einziehen darf. Das sei kein Einzelfall, sondern der tägliche Kampf um einen würdigen Umgang mit alten Menschen und ihren geliebten Tieren.

Wie alle Freundschaften ist auch jene zwischen Mensch und Tier von Gefahren bedroht. Das beginnt mit der Idealisierung von

Tieren. Generationen von Menschen wuchsen in ihrer Kindheit mit Serienstars wie Lassie, Fury oder Flipper auf. Diese waren mit einer menschenähnlichen Intelligenz und sogar übermenschlichen moralischen Integrität ausgestattet, was sie in den Filmen zu perfekten Beschützern, Trostspendern und Verbrechensbekämpfern machte. Auch wenn uns Tiere, vor allem Hunde und Katzen, in vielen Bereichen ähnlich sind, wir tun ihnen und uns nichts Gutes, wenn wir sie vermenschlichen. Unterliegen Menschen dem Glauben, dass in jedem Collie eine Lassie mit Superkräften steckt, führt das zu viel Tierleiden. Ältere Menschen laufen Gefahr, die wahren Bedürfnisse ihres Tieres zu verkennen, wenn sie es etwa überfüttern, da sie meinen, Liebe gehe nur durch den Magen, statt dem Tier ausreichend Bewegung zu ermöglichen, weil das für sie selbst zu beschwerlich ist.

Ein Tier liebt bedingungslos. Wie können wir selbst zum Beispiel auch unserem Hund ein bester Freund sein? Indem wir auch seine Bedürfnisse stillen. Ein Hund braucht viel Aufmerksamkeit und Zeit, zwei »Ausleerrunden« am Tag sind zu wenig, er benötigt soziale Kontakte zu seinen Artgenossen, Such- und Riechspiele. Daher ist es ein schwerer Fehler, wenn Verwandte ihren älteren Eltern oder Großeltern einen Hundewelpen schenken, weil dieser doch so süß ist. Ältere Menschen können dann genau dem Bewegungsdrang und Spieltrieb des jungen Hundes nicht nachkommen. Ganz einfach: Zu älteren Menschen passen ältere Hunde, um einen Gleichklang der Geschwindigkeiten erreichen zu können.

Unbestritten ist die positive Wirkung von Tieren auf ältere Menschen. Wer einmal erlebt hat, was speziell ausgebildete Therapiehunde in Altersheimen auslösen, dem wird das Herz aufgehen. Kommt der Hund, den die Bewohner schon kennen, zur Türe herein, ändert sich auf einmal die Körperhaltung der Menschen, die Aufmerksamkeit erhöht sich merklich und ein Lächeln erscheint auf den Gesichtern. Das bewirkt allein die Anwesenheit des Hundes. Dann streicheln sie den Hund und beginnen erst mit ihm und dann miteinander zu reden. Bei Menschen, die sonst nur mehr wenig Körperkontakt haben, löst das Glücksgefühle aus und regt die Herzfrequenz an. Ob Tiere eine Seele haben, wie das Peter Wohlleben in seinem Bestseller »Das Seelenleben der Tiere« beschreibt, muss jeder für sich selbst beurteilen. Dass Tiere Gefühle wie Freude, Trauer und Zuneigung empfinden können, werden alle Menschen bestätigen, die sich ein Tier zum Freund gemacht haben.

Freunde fürs Leben – die unmögliche Möglichkeit

Müssen wir die Freundschaft beschützen, wenn wir altern? »Eine gute Freundschaft altert mit uns. Und wenn sie gut ist, muss sie nicht beschützt werden. Schwierig wird es nur, wenn wir schlecht altern, wenn wir also nicht nur älter, sondern auch intolerant und unerträglich werden«, beantwortet die Schriftstellerin Elena Ferrante diese Frage. Ferrante ist das Pseudonym einer Autorin, die mit ihrer epochalen Saga über die unzertrennliche Lebensfreundschaft zweier neapolitanischer Frauen die renommiertesten Literaturkritiker der Welt ins Schwärmen brachte.[3]

Wir können lernen, mit der Brüchigkeit menschlicher Beziehungen umzugehen. Aber auch ständiges Bemühen und Offenheit sind keine Gewähr dafür, im Alter neue gute Freunde zu finden. Es gibt keine Sicherheit, manches bleibt schlicht dem Zufall überlassen. Leider sind es oft gerade die besten Freunde, die wir zu früh verlieren. Nur wenn wir uns nicht anstrengen, werden wir garantiert keine neuen Freundschaften aufbauen können. Glück begünstigt jene, die es immer wieder versuchen.

Je höher die Ansprüche an eine Freundschaft sind, desto schöner kann diese werden, solange beide Seiten versuchen, diesen gerecht zu werden. Der Begriff Freund sollte uns etwas Heiliges sein. Gefordert ist daher Genauigkeit bei der Auswahl jener, die wir als unsere Freunde bezeichnen, nach klaren Prinzipien: Auswahl statt Zufall. Gleiche Augenhöhe statt Herabsehen. Wachsen statt Stillstand. Vertiefung des Geistes statt oberflächlichem Zeitvertreib. Trennung, wenn notwendig, durch sanftes Ausklingen, niemals durch offenen Bruch.

»Das erste Gesetz der Freundschaft lautet, dass sie gepflegt werden muss. Das zweite lautet: Sei nachsichtig, wenn das erste verletzt wird.«

Voltaire

---

1 Der Spiegel, 29.12.2014, Beste Freunde, S. 120
2 Claudia Wüstenhagen: Das Geheimnis der Freundschaft, in: Zeit online, 7.12.2010
3 Der erste Band von Elena Ferrante über die Kindheit und frühe Jugend von Lila und Elena heißt »Meine geniale Freundin«, Berlin 2016

5. Du sollst den Mut haben, belastende Freundschaften mit allen Konsequenzen zu beenden

Nina: »Heute in dem Shop hast du dich wieder unmöglich benommen. Es ist nicht auszuhalten mit dir.«

Kerstin: »Wenn du mich als angeblich gute Freundin vor der Verkäuferin blamierst und dich weigerst, mir Geld zu borgen, weil ich meine Kreditkarte vergessen habe, solltest du dich nicht wundern. Das war wirklich letztklassig.«

Nina: »Du benimmst dich wie eine Elfjährige, die von Mami keine Süßigkeiten bekommt. Hey, du bist 45, werde endlich erwachsen.«

Kerstin: »Da redet die Richtige. Du lebst seit Jahren mit deiner Katze alleine, verschreckst alle Männer mit deinen Launen. Du tust mir echt leid.«

Nina: »Na, du bist ja super glücklich, zum zweiten Mal frisch geschieden, weil du mit jedem Typen, der dich anlacht, gleich ins Bett hüpfen musst und noch so dumm bist, dich dabei erwischen zu lassen. Schon einmal eine Minute darüber nachgedacht, wovon du in Zukunft leben wirst?«

Kerstin: »Aha, du bist so super erfolgreich. In Wirklichkeit lebst du vom Geld deiner Mutter. Apropos erwachsen.«

Nina: »Immerhin habe ich mein Studium abgeschlossen und bin selbstständig. Dein CV passt auf eine Briefmarke.«

Kerstin: »Du kannst mich nicht treffen. Bist einfach frustriert. Schade, das war's dann wohl.«

Dieses WhatsApp-Gefecht speichern Nina und Kerstin wie für ein bevorstehendes Gerichtsverfahren, um es mit Bedeutung aufzuladen. Natürlich wird es allen Freundinnen und selbst unbeteiligten Bekannten gezeigt, um sich nochmals über die »kranke Freundin« aufregen zu können. Alle, die die beiden besser kennen, würden darauf wetten, dass sie sich trotzdem spätestens in einer Woche wieder treffen werden. Zu eingefahren ist das Muster der wechselseitigen Vorwürfe, hinter denen zwei gekränkte Egos stecken. Nina und Kerstin kennen einander seit 20 Jahren, haben sich sehr weit voneinander entfernt, reden schlecht übereinander und liefern einander Szenen wie in einer Ehe knapp vor der Scheidung. Im Gegensatz zu einer gescheiterten Ehe kommt es aber nie zur endgültigen Trennung. Nina und Kerstin stehen für Frauen, die es einfach nicht schaffen, eine Freundschaft, die nur mehr Ärger und Unlustgefühle schafft, zu beenden.

Gerade Frauen neigen dazu, ihre kostbare Zeit noch immer mit den Freundinnen aus jungen Jahren zu verschwenden. Damals war Zeit ein fast unbegrenzt zur Verfügung stehendes Gut, und jene Stunden, die mit belanglosen Gesprächen verprasst wurden, fielen nicht ist Gewicht. Heute haben sich die Lebenswege in völlig unterschiedliche Richtungen entwickelt. Die einen sehnen sich nach beruflicher Herausforderung und persönlichem Wachstum, andere versuchen ihre Rolle als liebevolle Mutter gut zu erfüllen und manche leben ein ziemlich oberflächliches Leben. Obwohl es außer der gemeinsamen Vergangenheit fast gar nichts

Verbindendes gibt, erweisen sich derartige »Freundschaften« als erstaunlich dauerhaft. Man spricht hinter dem Rücken der andern nur mehr schlecht übereinander: »Die hält sich jetzt für etwas Besseres, seit sie Abteilungsleiterin ist« oder »Außer über Beauty, Shopping und ihren Hass auf den Ex-Mann kann man mit ihr über nichts mehr reden.« Doch dann findet unweigerlich das nächste Treffen statt.

Frauenfreundschaften sind in der Regel emotionaler als Männerfreundschaften.[1] Sie enden eher im Streit als bei Männern, wie Forscher der Universität von Oklahoma herausgefunden haben. Während Männer sich in Freundschaften langsam entfremden, kommt es bei Freundinnen nach großer Nähe öfter zum Bruch. Worin liegen die Gründe dafür? Bei Frauenfreundschaften kollidieren häufig Anspruch und Wirklichkeit miteinander, erklärt die Berliner Sozialwissenschaftlerin Erika Alleweldt: »Frauen müssen über alles quatschen, Freundinnen müssen ständig ansprechbar sein.« Doch diese hohen Ansprüche kommen im Alltag schnell an ihre Grenzen. Bei hohen Erwartungen ist der Stress letztlich vorprogrammiert. Ein grundsätzliches Konfliktfeld für Freundschaften sei das Thema Zeit, meint Alleweldt. Wie viel Zeit hat meine Freundin für mich? Wie oft ruft sie mich an? Wie oft kann oder will sie sich mit mir treffen? »Freundschaft ist auch ein großes Organisationsthema«, sagt die Wissenschaftlerin. Dabei können Freundinnen schnell enttäuscht werden, wenn die andere sich lieber um ihren Freund oder die Familie kümmert. Doch auch unterschiedliche Lebensentwürfe oder verletztes Vertrauen können zu Problemen in Freundschaften führen. Dramatische Auseinandersetzungen in Freundschaften finden eher unter Frauen statt, wenngleich diese dann oft trotzdem nicht voneinander loskommen. Gibt es tiefere Gründe dafür?

Warum Frauen mit falschen Freundinnen nicht Schluss machen können

Anthropologen sehen eine Ursache für den unterschiedlichen Umgang von Frauen und Männern beim Thema Freundschaft in den Sippen und Stämmen der Urgeschichte. Frauen waren davon abhängig, eine starke Verbundenheit mit möglichst allen anderen Frauen aufzubauen, um in der Phase ihrer Abhängigkeit, wenn sie schwanger oder krank waren, nicht hilflos zu bleiben. Freunde sind für Frauen daher ein lebensnotwendiger Wert an sich, und sie tun sich schwerer, diese kritisch zu beurteilen und, falls notwendig, auch Konsequenzen zu ziehen. Männer waren dagegen gezwungen, die richtigen Kampfgenossen für die Jagd oder die Schlacht auszuwählen, weil ihr Leben davon abhing. Daher war es für sie viel selbstverständlicher als für Frauen, sich von untauglichen Gefährten zu trennen.

Heute spielt die Sozialisation im Kindesalter eine wichtige Rolle. Für Mädchen lautet das höchste Ziel, die Beliebteste zu sein und möglichst viele Freundinnen zu haben. Konflikte werden indirekt über Gerüchte und Ausgrenzung ausgetragen. Für Burschen zählt dagegen von früh an der Platz in der Hierarchie. Besser der Boss in einer kleinen Bande als die Nummer drei in einer großen. Konflikte werden offen ausgekämpft. Daran hat sich wenig geändert, wie die Entwicklungspsychologin Doris Bischof-Köhler in ihrem lesenswerten Standardwerk »Von Natur aus anders – Die Psychologie der Geschlechtsunterschiede« mit vielen Studien belegt.

Trotzdem erkennen immer mehr moderne Frauen, wie sehr sie das Festklammern an alten Freundschaften in ihrer Entwicklung hemmt, und schaffen es, sich von belastenden Beziehungen zu trennen. Sie müssen damit rechnen, dafür als hart und berechnend diffamiert zu werden. Ehemalige Freundinnen machen sie zur Projektionsfläche für ihre negativen Energien und Frustration. Gerade deshalb ist es wichtig zu verstehen, dass die Beendigung von Freundschaften eben nichts Unmoralisches ist. Sabine formuliert das drastisch: »Einen ›Biss‹ gestehe ich einer guten Freundin zu, dann gibt es eine Verwarnung und im Wiederholungsfall ist es aus bei mir.«

Sich von Freunden zu trennen ist wie die Bücher im Regal zu sortieren, um Ballast loszuwerden und Raum für Neues zu schaffen. Das erlaubt die Genauigkeit nachzuholen, die wir aus Bequemlichkeit oder vielleicht auch aus Feigheit ursprünglich versäumt haben.

Aufrichtig zu jemandem Nein zu sagen, der sich als Freund anbietet oder der mehr Nähe will als wir, ist nicht verwerflich. Dadurch bleibt mehr Qualität für jene, zu denen wir Ja sagen. Einfache Fragen können helfen, Entscheidungen zu treffen: Opfere ich meine Beliebtheit zugunsten von Zielstrebigkeit? Bin ich bereit, mich von unechten Freundinnen zu trennen, die mir meine Erfolge neiden? Will ich wirklich weiterhin meine knappe Zeit mit Freundinnen verbringen, die mich mit ihren Problemen ständig nach unten ziehen, sodass ich mich nach jedem Treffen erschöpft fühle? Da die Zeit für unsere Freunde nicht unbegrenzt vermehrbar ist, wird man nur frei für neue Freundschaften, wenn man es versteht, alte wertschätzend zu beenden. Denn die Befreiung von falschen Freunden erfordert erstens Mut, um die Entscheidung zu treffen, und zweitens Weisheit, um diese ohne böses Blut umzusetzen.

Du sollst deine Freunde bewusst auswählen, statt es dem Zufall zu überlassen

Spontan entstehen Freundschaften meist in der Kindheit, man spielt in der Sandkiste miteinander, versteht sich und plötzlich hat man einen neuen Freund. Genauso schnell kann sich diese kindliche Freundschaft wieder ohne große Schmerzen auflösen. Wenn Kinder bei einem Schul- oder Ortswechsel fürchten, keine neuen Freunde zu finden, ist diese Sorge meist unbegründet. Je erwachsener wir werden, desto bewusster wählen wir unsere Freunde aus und lernen, dass wir nicht zu jedem Freundschaftsangebot Ja sagen müssen. Wir vergessen jedoch dabei, dass uns die Mehrzahl unserer besten Freunde sehr wohl der Zufall zugeführt hat. Der Zufall schafft Gelegenheiten für neue Freundschaften, es liegt dann an uns, diese zu erkennen und zu nutzen. Verbringen wir aber zu viel Zeit im Leben mit den falschen Freunden, berauben wir jene Menschen, die es verdienen, um die notwendige Zuwendung. Jungen Menschen ist dieser Gedanke meist fremd, mit zunehmender Lebenserfahrung werden sie dafür offener.

Wir betreiben großen Aufwand, um unser Auto regelmäßig zum Service zu schicken. Das ist durchaus gerechtfertigt, schließlich hängt unser Leben von funktionierenden Bremsen ab. Auch eine Freundschaft verträgt hier und da eine Service-Überprüfung. Im Laufe eines Lebens können falsche Freunde genauso gefährlich werden wie eine versagende Lenkung. André Heller zitiert seine Großmutter, eine Frau, die sich noch an Zeiten erinnert, in denen Freunde über Leben und Tod entschieden haben: »Meine Großmutter sagte immer: Ein wirklicher Freund ist nur jemand, der dich ab 1938 versteckt hätte. Da bleiben, fürchte ich, sehr wenige wirkliche Freunde über.«[2]

Es geht nicht um die jährliche Prüfplakette, sondern um die Notwendigkeit, die Qualität unserer Freundschaften regelmäßig zu reflektieren und gegebenenfalls daraus Konsequenzen zu ziehen. Das ist kein komplizierter technischer Auswahlprozess, wir müssen nur genau hinschauen. Mehr Zeit und Energie für diejenigen, die es verdienen, freimachen für das, was Freude und Sinn macht, sanfte Reduktion bei jenen, wo es einfach nicht mehr passt. Was sind die möglichen Ursachen dafür, warum wir an alte Freunde nicht jenen Maßstab anlegen, mit denen wir neue auswählen?

1. Entscheidungsschwäche: Die Auswahl zwischen 25 Eissorten überfordert viele Menschen, sich für eine Tüte mit dreien zu entscheiden. Doch was ist, wenn wir nicht nur zwischen 25 Eissorten, sondern zwischen theoretisch hundert Freunden auswählen müssen? Es klingt banal, wird aber durch die Entscheidungstheorie bestätigt: Wir bleiben beim dem, was wir kennen. Erdbeere, Vanille und Schokolade bei den Eissorten und – bei den drei Freunden, die uns schon lange vertraut sind.

2. Angst: Wir fürchten, andere zu verletzen. Darf man Essenseinladungen abschlagen, weil man einen Abend mit schrecklichem Essen und langweiligen Gästen fürchtet, ohne unvermeidlich den Freund zu kränken? Wir versuchen für uns selbst Ausreden dafür zu finden, warum uns ein Freund ständig als seelischen Abfalleimer missbraucht. Auch wenn eine Freundschaft nur mehr mühsam ist, überwiegt die Angst davor, sie zu beenden und als hart zu gelten. Eine andere Angst ist jene davor, überhaupt keine neuen Freunde zu finden. Wenn zwei unserer Freunde ehemalige Schulkameraden sind und die dritte eine Arbeitskollegin ist, dann werden wir uns dankbar an ihnen festklammern, selbst wenn sie unsere Bedürfnisse überhaupt nicht erfüllen.

3. Gefallsucht: An Gefallsucht Leidende entsprechen in der Fachsprache oft dem histrionischen (früher hysterischen) Typus. Dieser hat zwar viele Freunde, ist aber nicht zu tiefen Beziehungen fähig, weil er von der Sucht nach immer Neuem getrieben ist. Noel kommt aus einer angesehenen Familie, ist ein erfolgreicher Rechtsanwalt und ein einnehmender Gesprächspartner. Selbst Menschen, die er nur kurz kennt, stellt er geradezu euphorisch seinen Freunden vor, übersteigert dabei allerdings ihre Vorzüge oft so, dass es ihnen unangenehm ist. Gerne feiert er Partys im Garten seines Hauses, bei denen die Wahrscheinlichkeit hoch ist, dass Prominente aus Politik und Medien zumindest kurz auftauchen. Er scheint mit der ganzen Stadt befreundet zu sein. Auffallend ist nur, wie schnell die attraktiven Begleiterinnen an seiner Seite wechseln, die Zeitspanne zwischen »Verlobter« und »Ex« dauert selten länger als ein halbes Jahr. Ebenso schnell dreht sich das Karussell seiner »Freunde«, vor allem jener, die ihm beruflich keinen Nutzen bringen oder nicht prominent sind. Sie hören auf einmal nichts mehr von ihm. Das hindert ihn allerdings nicht daran, sie zu umarmen, wenn er sie zufällig doch trifft. Ohne zu zögern stellt er sie dann seinen Begleitern als großartige Menschen vor, die sie unbedingt näher kennenlernen müssten. Sein Verhalten führt dazu, dass sich tiefsinnigere Menschen von ihm abwenden. Der Versuch, allen ein guter Freund zu sein, und die damit verbundene Weigerung, echten Freundschaften eine höhere Bedeutung als oberflächlichen Bekanntschaften einzuräumen, können am Ende dazu führen, dass kein einziger Freund da ist, wenn man ihn wirklich brauchen würde.

Wem der Gedanke widerstrebt, seine Freunde auszuwählen, dem sei noch eine Überlegung mitgegeben. Wir gehen oft mit

Vorurteilen durch die Welt. Vielleicht entdecken wir die Qualitäten eines Menschen erst auf den zweiten Blick. Auf neue Beziehungen können wir uns aber nur einlassen, wenn wir überhaupt noch Zeit und Energie dafür haben.

Es nie zum Bruch kommen lassen

Über die Frage, wie man Freundschaften beenden soll, sind sich kluge Philosophen wie Cicero und Aristoteles oder Kenner der menschlichen Psyche wie der Jesuit Baltasar Gracián erstaunlich einig gewesen. Cicero empfiehlt, Freundschaften nicht abrupt zu beenden, sondern wie eine Kerze verlöschen zu lassen. Gracián warnt in seinem Buch »Handorakel und Kunst der Weltklugheit«:[3] »Aus verdorbenen Freunden werden die schlimmsten Feinde ... Wir sollten nie unterschätzen, welcher Schaden aus zerbrochenen Freundschaften entstehen kann. Gutes können uns nur Wenige erweisen, Schlimmes fast alle. Es ist unvorstellbar, welche negativen Energien verletzte Menschen freisetzen können. Auch wenn sie uns nach außen freundlich begegnen, lauern sie nur darauf, gegen uns vorzugehen. Um die Unbeteiligten für sich zu gewinnen, wollen sie ihre eigenen Fehler bedecken, indem sie unsere aufdecken. Und diese kennen sie als ehemals Vertraute besser, als uns lieb ist.«

Wenn man unbefriedigende Freundschaften nicht bricht, sondern diese langsam ausgleiten lässt, dann besteht die Chance, sie später einmal zu erneuern. Wie im Schlaf kann die Freundschaft dann oft lange Zeit ruhen und sich erholen, um später ohne Groll wieder fortgesetzt werden zu können. Führt das Leben die ehemaligen Freunde wieder zusammen, um eine weitere Wegstrecke gemeinsam zu bestreiten, ist es doppelt gut, zuvor im Guten auseinandergegangen zu sein.

Fazit

Gegenüber unseren Freunden sollten wir die Fähigkeit entwickeln, zwischen einem kränkenden Verhalten und der Gesamtpersönlichkeit zu differenzieren. Wir müssen bei Freunden nicht immer alles infrage stellen. Oft reicht es, sich zu sagen: »Der spinnt gerade, aber das ändert nichts an unserer Freundschaft.«

Bei manchen »Freundschaften« gewinnt man als Beobachter den Eindruck, dass es sich für den einen eher um eine Selbstbestrafung handeln muss. Warum laden sich glückliche, erfolgreiche Menschen einen Teil des Unglücks dieser Welt freiwillig auf ihre Schultern, indem sie die immer wiederkehrenden Katastrophen eines anderen mit Rat, Tat und Geld zu bewältigen helfen, nur weil sie mit diesem einmal die Schulbank geteilt haben oder durch sonstige Zufälligkeiten »befreundet« sind?

Wirtschaftsnobelpreisträger Daniel Kahneman bietet in seinem bemerkenswerten Buch »Schnelles Denken, langsames Denken« eine Erklärung aus evolutionärer Sicht an. In der Urzeit hatten Menschen bessere Überlebenschancen, wenn sie sich auf die ständigen Bedrohungen konzentrierten, statt neue Möglichkeiten und Chancen zu sehen. Diese Tendenz, im Zweifel an bekannten Freunden festzuhalten, statt das Risiko mit neuen einzugehen, steckt noch immer tief in uns.

Doch eine Saat kann nicht aufgehen, wenn sie nicht liebevoll gepflegt wird. Wer in seinem Blumenbeet nicht immer wieder das Unkraut ausreißt, wird den Blumen keinen Raum zur Entfaltung geben. Wer sich nicht regelmäßig von Zeiträubern und negativen Charakteren trennt, der raubt sich selbst die Ressourcen, um die wahren Freundschaften zu pflegen und offen für neue zu sein.

»Auf dem Weg zu deinem Freund soll kein Gras wachsen.«
Afrikanisches Sprichwort

---

1 Stefanie Järkel: Das Drama ist weiblich, in: Der Tagesspiegel, 18.1.2015
2 André Heller im Gespräch mit Helmut Brandstätter im Kurier vom 19.6.2016, S. 10
3 In seinem Buch »Erkenne Dich selbst und erschrick nicht« entschlüsselt Andreas Salcher das vor fast 400 Jahren veröffentlichte geheimnisvolle Werk »Handorakel und Kunst der Weltklugheit« des Jesuiten Baltasar Gracián und verknüpft es mit modernen wissenschaftlichen Erkenntnissen.

6. Du sollst nicht erwarten, von Freunden das zu bekommen, was du selbst gegeben hast

»Überlege einmal, bevor du gibst, zweimal, bevor du annimmst, und tausendmal, bevor du verlangst.«

Marie von Ebner-Eschenbach

Die Freundschaft zwischen Christina und Sigrun hält schon über zehn Jahre, wenngleich sich Christina oft eher als Klagemauer denn als Freundin empfindet. Wenn sich die beiden Frauen meist in ihrer Mittagspause treffen, lässt Sigrun Christina vor allem an den vielen Tiefen ihres Gefühlslebens teilhaben, manchmal fließen Tränen der Verzweiflung, dann macht sie ihrem Ärger über idiotische Männer Luft. Christina ist nach den Treffen meist geschafft, lässt diese aber geduldig über sich ergehen und stellt die Freundschaft nie ernsthaft infrage. Das ändert sich, als Christina Mutter wird und ihre Reizschwelle deutlich sinkt. Christina fällt auf, dass Sigrun aufgrund der Fülle ihrer eigenen Probleme nicht einmal Zeit findet, sie zu fragen, wie es ihr mit ihrem Baby geht. Einen offenen Bruch will Christina trotzdem vermeiden und lässt die Beziehung zu Sigrun einfach einschlafen.

Als sich die beiden nach längerer Zeit wieder begegnen, begrüßt Sigrun sie mit den Worten: »Jetzt habe ich so lange nichts von dir gehört, ich habe mich gar nicht zu melden getraut, weil ich mir gedacht habe, dir muss es wirklich schlecht gehen«, um dann Christina sofort mit ihren kleinen und großen Sorgen vollzuschütten. »Eine Freundin, die sich nicht meldet, weil sie annimmt, dass es mir schlecht geht, brauche ich wirklich nicht«, denkt sich Christina und hält die Freundin weiterhin auf Distanz. Der endgültige Bruch kommt, als eine schwere Sommergrippe Christina ans Bett fesselt, ihre Eltern auf einer Reise in Afrika sind und sie niemanden für die Betreuung ihrer zweijährigen Tochter findet. Christina ruft Sigrun an, weil diese ganz in der Nähe wohnt, und bittet sie dringend um Hilfe. Sigrun schlägt ihr vor, sie solle doch zur Apotheke gehen, um sich ein starkes Medikament zu besorgen. Sie sei leider zu beschäftigt, um Babysitter zu spielen.

Sigrun fällt wohl in die Kategorie »Im Nehmen gab sie stets ihr Bestes«. Doch was hat diese Geschichte mit Christina selbst zu tun? Wenn sie heute, einige Jahre danach, darüber nachdenkt, kommt sie zu dem Schluss: »Ich habe im Leben oft das Gefühl gehabt, sehr viel mehr zu geben als zu bekommen. Wenn es für mich hart auf hart ging, habe ich gehofft, dass sich jemand für mich einsetzt und richtig in die Bresche wirft. Doch meist kamen eher ausweichende Reaktionen. Mittlerweile habe ich eingesehen, dass es mein eigenes Problem ist, dass ich anderen viel gebe, in der Hoffnung, selbst etwas zu bekommen. Das rührt wahrscheinlich aus meiner Jugend, als ich viel zu früh die Verantwortung für unsere Familie übernehmen musste, weil meine Eltern aufgrund eigener Probleme damit überfordert waren. So habe ich gelernt, meine Anerkennung darin zu finden, von anderen gebraucht zu werden. In Wirklichkeit würde die Aufgabe darin bestehen, meine Defizite selbst zu heilen.«

Bei Christina könnte die tiefere Ursache in ihrem Muster der Verstrickung liegen.[1] Dieses verleitet sie dazu zu glauben, dass mit ihr verstrickte Menschen ohne ihre permanente Unterstützung nicht allein bestehen würden. Dadurch agiert sie zulasten der Entwicklung ihrer eigenen Individualität und fühlt sich oft erdrückt von den Ansprüchen anderer. Für sie wäre es hilfreich, das Geben und Nehmen in der Freundschaft aus einer anderen Perspektive zu betrachten:

Du bekommst nicht, was du dir erwartest.
Du bekommst, was du bist.

Der Ansatz, Freundschaften als Spiegel der eigenen Persönlichkeit zu sehen, hat Christina geholfen, ihre Freundschaften ehrlicher zu gestalten. Irgendwann hat sie es gewagt, einer Freundin klar zu kommunizieren, dass sie sich in einer entscheidenden Situation von ihr im Stich gelassen gefühlt hat. Das zeigte Wirkung. Wenn sie jetzt anruft und Hilfe braucht, fragt diese Freundin sofort nach, wie dringend es ist, um dann wirklich das ihr Mögliche zu tun. Bei anderen Menschentypen wie Sigrun hat Christina es aufgegeben: »Ein Grund für meine Enttäuschungen in Freundschaften liegt wahrscheinlich darin, dass ich viele Jahre auch nicht gut zu mir selbst war, sondern überkritisch. Ich kam an letzter Stelle hinter allen anderen. Wichtig war, dass es ihnen gut geht, mich selbst habe ich oft vergessen. Ich würde rückblickend in meinen Freundschaften nichts anders machen. Jene Fälle, wo ich im Stich gelassen wurde, waren einfach keine echten Freundschaften. Seit ich mich von falschen Freunden konsequent trenne, ziehe ich auch weniger an. Ich glaube über mich selbst sagen zu können, dass ich vielen eine gute und loyale Freundin bin. Das Wichtigste an

Freundschaft ist, selbst bereit zu sein, ein guter Freund zu sein, und das ohne Erwartung dem anderen gegenüber.«

»Du bekommst, was du gibst« ist kein Naturgesetz, sondern eine spirituelle Weisheit. Diese bedeutet nicht, dass Freundschaften Bilanzen sind, in denen ständig Soll und Haben miteinander verglichen werden sollten. Unbewusst führen die meisten von uns trotzdem so etwas wie ein Beziehungskonto. In Partnerschaften geht es im Kern um die Frage, wie viel Liebe wir gegeben und wie viel Liebe wir erhalten haben. Beziehungskonten in Freundschaften weisen vielfältigere Kategorien auf: Zeit füreinander, Anteilnahme am Leben des anderen, Hilfsbereitschaft, aber auch, wer wann einlädt und was man einander schenkt. Ins Bewusstsein tritt das Beziehungskonto meist erst dann, wenn einer der Freunde das Gefühl hat, das Konto sei grob im Ungleichgewicht, der andere hebe nur ab, während man selbst ständig einzahle. Natürlich sollte das Beziehungskonto in einer Balance sein, es wäre aber eine Fehlinterpretation der Weisheit »Du bekommst, was du gibst«, zu erwarten, dass wir genau von jenen Menschen, denen wir etwas gegeben haben, automatisch etwas aus unserer Sicht Gleichwertiges zurückerhalten. Menschen, die sehr viel geben, sind besonders gefährdet, in diese Falle zu gehen. Einen Ausweg bietet das Prinzip der Kausalität, zu verstehen und zu akzeptieren: Das Gute und das Schlechte, das wir im Laufe unseres Lebens zu verantworten haben, kommt aus verschiedenen Quellen zu uns zurück. Auf Freundschaften übertragen bedeutet das, dass wir dem einen Freund lange Zeit sehr viel geben, während wir von einer anderen Freundin viel bekommen, ohne dass schlechte Gefühle entstehen müssen.

Eine interessante Aussage zu diesem Thema kommt vom Leiter der Harvard-Studie zur Lebenszufriedenheit, George E.

Vaillant: »Frauen sind von Natur aus bessere Geber. Geben und Schenken macht nun mal zufriedener als Nehmen. Frauen sind außerdem reif genug, um mit den Veränderungen im Erwachsenenleben besser umzugehen. Sie sind auf Veränderung programmiert. Männer bleiben Kleinkinder.«

Was dürfen wir erwarten?

»Der gibt, soll schweigen. Der nimmt, soll reden.«
Miguel de Cervantes

Wesensgleichheit bei Themen wie Sparsamkeit, Großzügigkeit, Hilfsbereitschaft, Ehrlichkeit, Schenken, Geburtstagsgrüße sowie eine ähnliche Einstellung zum Bedürfnis nach Nähe und Distanz reduzieren das Konfliktpotenzial in Freundschaften beträchtlich. Unterschiedliche Ansichten dazu lassen sich aber mit gutem Willen und Toleranz überbrücken. Nehmen wir das scheinbar banale Thema »Pünktlichkeit«.

Ludwig geht jeden Sonntag mit Manfred im Wald spazieren und philosophiert unermüdlich mit ihm darüber, was die Welt im Innersten zusammenhält. Diese Freundschaft währt seit 30 Jahren und hat bisher alle privaten und beruflichen Umbrüche überdauert. Die beiden verbindet ein Schatz an gemeinsamen Erfahrungen, seit sie während ihres Studiums über Bücher aus dem 16. Jahrhundert, die wahrscheinlich vor und nach ihnen nie jemand aufgeschlagen hat, diskutiert haben. Lange Zeit nervte es Ludwig, dass Manfred zu den sonntäglichen Spaziergängen regelmäßig 10 bis 15 Minuten zu spät kam und ihn wie einen Idioten an der Straßenbahnendhaltestelle warten ließ. Irgendwann gelang es ihm aber, die Erwartung, dass Manfred pünktlich kommen würde, aufzugeben und den Wert der Freundschaft höher zu schätzen. Interessanterweise kam Manfred bald danach fast immer pünktlich.

Anders ist die Situation, wenn für einen Menschen wie Sebastian »Pünktlichkeit« ein Ausdruck von Wert- oder Geringschätzung bedeutet: »Ich habe nur Freunde, die so wie ich pünktlich kommen. Nicht weil ich ein Pedant bin, sondern weil es für mich ein wichtiger Wert ist, dass meine Zeit nicht mehr wert ist als die eines anderen. Dazu zählt, dass ich rechtzeitig darüber nachdenke, dass am Freitagnachmittag mehr Verkehr herrscht und ich daher länger für die Fahrt mit dem Auto zum gemeinsamen Treffpunkt kalkulieren muss. Sehe ich, dass ich mich einmal mehr als fünf Minuten verspäten werde, schicke ich sofort eine SMS, damit der andere sich darauf einrichten kann. Bei den ganz wenigen Freunden, wo ich aus Erfahrung weiß, dass sie habituell nicht zur Pünktlichkeit fähig sind und sie mir trotzdem wichtig sind, rufe ich fünf Minuten bevor ich weggehe, an und frage einmal nach, wie weit sie denn sind. Oft arbeiten sie noch intensiv und sind dankbar für die Erinnerung.«

Das individuelle Wertegerüst spielt eine große Rolle beim Geben und Nehmen in Freundschaften. Wenn man seine Freude aus dem Akt des Gebens bezieht und nicht aus der Erwartung, etwas dafür zurückzubekommen, dann kann gerade diese Einstellung dazu führen, dass man vom Leben reich beschenkt wird. Adam Grant, Psychologe an der renommierten Wharton Business School der University of Pennsylvania, ist überzeugt davon, dass Menschen, die ohne Gegenleistung geben, die Freunden helfen und Fremden Ratschläge anbieten sowie darauf achten, was andere brauchen, beruflich erfolgreicher sind. In seinem Buch »Geben und Nehmen. Erfolgreich sein zum Vorteil aller« beschränkt er sich nicht darauf, ein Plädoyer für Nettigkeit zu halten, sondern belegt seine These mit bemerkenswerten Forschungsergebnissen: Die guten Typen schaffen es überdurchschnittlich oft bis ganz nach oben. Grants Bestseller ist weit mehr als bloß ein Karriereratgeber, er stellt eine Anleitung zum besseren Umgang miteinander dar.

Wie steht es mit der Hilfsbereitschaft, die wir erhoffen oder bereit zu geben sind? Wie oft haben wir schon einem Freund beim Umzug geholfen oder das zumindest angeboten? Dieser Freundesdienst ist scheinbar wenig spektakulär, dafür sehr persönlich. In reiferen Jahren werden Übersiedlungen aufgrund der Menge an Dingen, die sich im Laufe des Lebens angesammelt haben, häufig von professionellen Firmen durchgeführt. Umso mehr kann das Angebot, am Übersiedlungstag einkaufen zu gehen oder auf den Hund aufzupassen, wertvoll sein. Umzüge sind oft zutiefst emotionale Ereignisse, sie bedeuten, einen gewohnten Ort, manchmal die Heimat aufzugeben und mit ungewissen Gefühlen an einem anderen anzukommen. Das löst am ersten Abend in der neuen Wohnung, gerade wenn man Single ist, oft ambivalente Gefühle aus. Ein angekündigter Besuch kann über diese ersten Zweifel hinweghelfen, anregen, den Blick auf das Schöne zu werfen und zumindest dazu führen, einen vertrauten Menschen in dem Chaos der Kisten um sich zu haben.

In dem Augenblick, wo Werte unvereinbar sind, wird Freundschaft dagegen schwierig. Dabei geht es primär nicht um unterschiedliche ideologische Einstellungen. Sozialisten können bestens mit Konservativen und Atheisten mit Gläubigen befreundet sein, genauso Anhänger von rivalisierenden Fußballklubs, solan-

ge die Kultur des Umgangs stimmt oder sie bestimmte Themen
einfach vermeiden. Dagegen unterminiert der Dauerredner, der
den Freund nie zu Wort kommen lässt und damit den Fluss des
Gespräches verhindert, irgendwann die Beziehung zum geduldig
zuhörenden Freund. In diesem Fall kollidiert ein unbeherrschter
Charakterzug mit der berechtigten Grunderwartung, dass der
Freund uns genug Raum einräumt und sich für unsere Welt interessiert. Selbst hinter scheinbar kleinen Entscheidungen wie der
Wahl eines Geschenkes können sich Werthaltungen verbergen.

Die unterschätzte Kunst, richtig zu schenken

Lieblose Geschenke wie Bildbände vom Buchdiscounter, Super-
marktweine, auf deren Etikett peinlich groß »Bordeaux« steht,
Wanderpokale wie geschmacklose Vasen, die man selbst bekommen hat, bleiben nie ganz unbemerkt. Dinge, die man selbst nicht
mehr brauchen kann, sollte man in den eigenen Mistkübel werfen
und nicht bei guten Freunden als Geschenk entsorgen. »Das habe
ich extra für dich ausgesucht« macht die eigene Unachtsamkeit
noch schlimmer, der andere merkt die Absicht und ist verstimmt.
Die scheinbar ehrliche Ausrede »Ich bin nicht dazu gekommen, dir
etwas zu kaufen, aber mein Geschenk kommt später« führt selten
zu einem Geschenk. Diätprogramme, Fitnessbücher, esoterische
»So werden Sie glücklich«-Ratgeber, die offenkundig einen Mangel
beim Beschenkten ansprechen, lösen kaum Glücksgefühle aus.
    Unabhängig davon, welche Bedeutung Geschenke für uns
selbst haben, sind sie sichtbares Zeichen der Hoch- oder Geringschätzung, des Aufwandes, den sich jemand zu machen bereit ist.

117

Treffsicherer Einfallsreichtum schlägt teure Pflichterfüllung, ein persönlich vom Lieblingsautor des Beschenkten signiertes Buch löst mehr Freude aus als die Kiste teuren Rotweins. Überraschungen zählen doppelt. Unerwartete persönliche Geschenke ohne formellen Anlass, die den Kern der Person des Freundes berühren, sind oft unterschätzte Gesten, die große Wirkung zeigen können. Denken wir einmal nach, an welche Geschenke von Freunden wir uns noch erinnern können. Romana: »Ich hatte furchtbare Flugangst. Ein Freund von mir hat mich einfach geschnappt und in ein Flugzeug eines befreundeten Piloten gesetzt, mit dem ich im Cockpit nach New York fliegen durfte. Der Pilot war in Flugangstseminaren ausgebildet und hat mich wunderbar betreut. Wenn mir der Freund vorher seinen Plan verraten hätte, wäre ich natürlich abgesprungen.« Solche persönlichen Geschichten über gelungene Geschenke machen Lust darauf, mit mehr Freude und Sorgfalt zu schenken, ohne Anlass, einfach aus Freundschaft.

Trotzdem wehren sich viele Menschen gegen die These, dass Geschenke ein Maßstab für die Wertschätzung gegenüber Freunden sind. Legen zwei Freunde generell gleich wenig Wert auf materielle Dinge, so ist es legitim, sich darauf zu verständigen, einander prinzipiell zu formellen Anlässen nichts zu schenken. Mit dieser stillschweigenden Vereinbarung lässt sich zum Beispiel die Weihnachtszeit deutlich stressfreier genießen. Das entbindet jedoch nicht von der Möglichkeit, dem Freund auf ideelle Art eine Freude zu machen.

Es lohnt sich, kreativ zu schenken, nicht finanziell, aber durch magische Augenblicke für den Beschenkten – und den Schenkenden. Die Wandlung vom Saulus zum Paulus, vom genervten Pflichterfüller zum aufmerksam Schenkenden, passierte Michael an seinem 50. Geburtstag. Zwei Freunde schenkten dem leidenschaftlichen Altphilologen das »Sator-Quadrat« als Kunstwerk aus hochwertigem Glas. Das Besondere an diesem magischen Quadrat ist, dass man die lateinische Wortfolge SATOR AREPO TENET OPERA ROTAS horizontal und vertikal, vorwärts und rückwärts lesen kann:

S A T O R
A R E P O
T E N E T
O P E R A
R O T A S

Der geheimnisvolle Glasquader mit den fünf Wörtern, deren Bedeutung seit dem ersten Jahrhundert nach Christus bis heute nicht eindeutig entschlüsselt[2] wurde, hat einen Ehrenplatz auf Michaels Glastisch im Wohnzimmer. In den Boden des Kunstwerks sind sein Name und das Datum seines 50. Geburtstags eingraviert. Das Kunstwerk erinnert ihn mehrmals täglich an die Aufmerksamkeit seiner Freunde und mahnt ihn stets, es sich nicht zu einfach zu machen, wenn es gilt, einem Freund ein besonderes Geschenk zu bereiten.

Hurra, alle kommen uns besuchen – Urlaub mit Freunden

Verfügt man über einen großen Freundeskreis, dann erweist es sich als schwierig, diesen oft zu treffen, obwohl man sich das durchaus wünscht. Als verlockende Möglichkeit erscheint ein gemeinsamer Urlaub. Caroline und ihr Mann Gerald verbringen jedes Jahr mit ihrer kleinen Tochter drei Wochen in einem Haus an der oberen Adria. Das hat sich in ihrem großen Freundeskreis herumgesprochen und die beiden laden aktiv ein, sie doch für ein paar Tage zu besuchen. »Super, wir kommen«, hören sie häufig als Antwort und sind erfüllt von Vorfreude auf einen gemeinsamen Sommer mit Freunden, Sonne, Strand, Kindern, Sport, gutem Wein und feinem Essen. Das Problem ist, es kommen nicht nur fast alle Eingeladenen, sondern in ihrem Schlepptau befinden sich wiederum deren Freunde, die im besten Fall zu entfernten Bekannten des Paares zählen. Die vielen unterschiedlichen Interessen würden einer Event-Agentur plus eines erfahrenen Kinderlagerleiters bedürfen, um allein die logistischen Herausforderungen zu bewältigen. Überlegt das Gastgeberpaar, eine Bootsfahrt zu unternehmen, dann muss das Mitmachen natürlich allen anderen angeboten werden, man will ja niemanden ausgrenzen, der eigens angereist ist. Selbst die Einigung auf Uhrzeit und Ort des gemeinsam zelebrierten Abendessens mit durchschnittlich 25 Freunden belastet den Urlaubsalltag. Während unter den Freunden und Bekannten alle zwei bis drei Tage ein freudiges Kommen und Gehen herrscht, artet das Ganze für Caroline und Gerald zeitweise in die Organisation einer permanenten Hochzeitsfeier aus.

Dazu kommt die Dynamik der vielen mitgebrachten Kinder, die nach unterschiedlichen Konzepten erzogen wurden. So laufen die Kinder am Abend lärmend durch das Restaurant, was manche Eltern als befreites Ausleben kindlicher Individualität und andere als schwer nervend empfinden. Tendenziell entwickeln sich alle Kinder in Richtung verhaltensoriginell und schwer zu bändigen. Die zuständigen Väter lassen sich dadurch in ihren bedeutenden

Diskussionen wenig stören, sondern wundern sich nur, warum einige Mütter auch im Urlaub in den Helikoptermodus verfallen. Gerald, ein Frühaufsteher, wird dafür zum unfreiwilligen Dogwalker für Arthur, den belgischen Schäferhund eines befreundeten Paares. Da die beiden nie vor dem Mittagessen aus dem Bett steigen, begleitet Arthur Gerald mit großer Lebendigkeit beim morgendlichen Jogging. Sobald der Jagdinstinkt in Arthur erwacht, jagt er gerne andere Jogger, wofür sich Gerald dann betreten entschuldigen muss. Nach drei Wochen fahren Caroline und Gerald völlig geschafft und urlaubsreif nach Hause – mit dem festen Vorsatz, im nächsten Jahr nur zu dritt Urlaub in den USA, Vietnam oder noch besser Neuseeland zu machen. Die aufwendige Planung wird aber immer wieder aufgeschoben und spätestens mit den Neujahrsgratulationen treffen die ersten Ankündigungen der Freunde ein, wie sehr sie sich schon auf die gemeinsamen Tage an der Adria im Sommer freuen …

In der Theorie ist das Konzept »Urlaub mit Freunden« großartig, in der Praxis vor allem für Caroline erschöpfend. Sie erhält im Urlaub nie, was sie sich erwartet. Sie bekommt, was ihr Persönlichkeitsmuster produziert. Caroline fühlt sich gegenüber allen Freunden ständig verpflichtet und kann sich im Gegensatz zu ihrem Mann im Urlaub nicht einmal für ein paar Stunden abgrenzen, um niemanden zu vernachlässigen. Alles was sie ihren Freunden mit bester Absicht gibt, macht es unmöglich, das zu erlangen, was sie sich selbst von diesen wünscht.

Freundschaft ist das Wechseln vom Ich zum Du

Der Weg zu mehr Freude führt nach der *flow*-Theorie des Glücksforschers Mihály Csíkszentmihályi über Disziplin und Anstrengung. Das gilt nicht nur für das Erlernen des Skifahrens oder einer neuen Sprache, sondern auch für die höheren Dimensionen einer Freundschaft. Wir könnten mehr für unsere Freunde tun: zuhören statt selber zu reden, uns für ihre Gebiete interessieren, statt ihnen unsere aufzudrängen, unerwartete Geschenke machen, uns bei jenen melden, von denen wir schon länger nichts gehört haben, einfach achtsamer und sensibler in der Sprache werden. Je tiefer wir in uns selbst verankern, wie wichtig Freunde für unseren eigenen Seelenfrieden sind, desto leichter finden wir die Konsequenz, mehr als das Notwendige dafür zu tun.

Wer ein guter Freund sein will, muss sich selbst mögen, sonst fehlt ihm die positive Energie für andere.

Wer ein guter Freund sein will, muss sich selbst kennen, um so seine Freunde besser verstehen zu können.

Wer ein guter Freund sein will, bestimmt selbst, was er bereit zu geben ist, sonst wird er von anderen bestimmt.

»Freunde, die uns in der Not nicht verlassen, sind äußerst selten. – Sei du einer dieser seltenen Freunde! Hilf, rette, wenn du es vermagst, opfere dich auf – nur vergiss nicht, was Klugheit und Gerechtigkeit gegen dich und andere von dir fordern. Aber tobe nicht, klage nicht, wenn andere nicht ein Gleiches für dich tun. Nicht immer herrscht böser Willen bei ihnen.«

Freiherr von Knigge

1 Die Schematherapie ist eine Form der Psychotherapie. »Verstrickt mit anderen« ist eines von 18 Schemata in der Verhaltenstherapie nach Jeffrey E. Young.
Er hat die Kognitive Verhaltenstherapie theoretisch und praktisch um Erkenntnisse der psychodynamischen, bindungstheoretischen und gestalttthera-
peutischen Konzepte erweitert.

2 In der Spätantike und im Mittelalter erfuhr das Sator-Quadrat weite Verbrei-
tung. Aufgrund der seltenen Eigenschaft, ein vierfaches Palindrom zu sein,
wurden ihm magische Eigenschaften zugeschrieben; es gehört damit zu den
meistverbreiteten Zauberformeln des Abendlandes.

Es bestehen mehrere Ansätze, die Wortfolge zu übersetzen. Problematisch ist,
dass das Wort arepo, die Umkehrung von opera, keine Bedeutung hat. Sator
wird insbesondere in christlichen Interpretationen als Metapher für den
Schöpfergott verstanden.

Nach einer Ansicht hat der Text keine Bedeutung. Arepo sei ein Nichtwort,
das lediglich die vier lexikalischen Wörter zum Quadrat vervollständigen soll.
Fasst man Arepo als Namen auf, so wäre die Bedeutung »Der Sämann Arepo
hält mit Mühe die Räder« möglich. Andere Deutungen vermuten ein Wort für
»Pflug«, »Boden« oder eine Verbindung zum Verb repere, »kriechen«.

Das Wort AREPO, als AREBO geschrieben, taucht in schwedischen Runen
und im Orient auf. Offenbar ist diese Schreibweise leichter auszusprechen und
ergibt mehr Sinn. Um die volle Eigenschaft des Quadrats beim Rückwärtslesen
zu erhalten, muss auch das Wort OBERA in dieser Weise geschrieben werden.
Schließlich wird versucht, den Text durch Umstellen der Buchstabenreihen-
folge oder mithilfe der Numerologie zu entschlüsseln.

Quelle: Wikipedia

7. Du sollst Freunden kein Geld borgen und mit ihnen keine Geschäfte machen

»Der Mensch ist von Geburt an gut, aber die Geschäfte machen ihn schlecht.«

Konfuzius

Nach einem Forschungsstipendium an der Stanford-Universität erhält Nicole einen sehr gut bezahlten Job bei einer internationalen Unternehmensberatung in den USA. In dieser Zeit ist sie eng mit Gudrun befreundet, die wie sie aus München kommt und ebenfalls in Stanford gerade studiert. Als alleinerziehende Mutter, die noch dazu nicht gut mit Geld umgehen kann, braucht Gudrun ständig Finanzmittel für ihren Lebensunterhalt in den USA. Zusätzlich zu ihrem Anteil an der Miete für die gemeinsame Wohnung borgt Nicole ihrer Freundin größere Beträge zwischen 10.000 und 20.000 Dollar. Nicole ist Geld nicht wichtig, trotzdem beginnt sie nach einiger Zeit erst vorsichtig, dann bestimmter auf die Rückzahlung zu drängen. Gudrun zahlt das Geld in unregelmäßigen Raten zurück, ein Teil bleibt aber offen, auch als die beiden Frauen aus den USA nach München zurückkehren.

Nicole und Gudrun bleiben befreundet und wohnen nahe beieinander in der Münchner Innenstadt. Nicole passt oft auf die Tochter der alleinerziehenden Freundin auf, die versucht, sich als selbstständige Trainerin zu etablieren. Der offensive Zugriff von Gudrun auf jene Dinge, die Nicole gehören, führt immer häufiger zu Spannungen. So borgt sie sich das Auto von Nicole aus, oft auch ohne dieser etwas zu sagen. Trotz dieser Spannungen zögert Gudrun nicht, Nicole eines Tages zu bitten, für sie die Bürgschaft bei einer Bank für einen Jungunternehmerkredit zu übernehmen. Alles sei kein Problem, sie könne sich die Rückzahlung leisten, es ginge nur um eine formale Angelegenheit für die Bank. Nicole fühlt sich ihrer Freundin menschlich noch immer verbunden, verdient selbst exzellent und sieht keinen Grund, Gudruns Ambitionen nicht zu unterstützen. Sie unterschreibt eine Bürgschaft für knapp 10.000 Euro.

Der Start des kleinen Unternehmens von Gudrun verläuft zwar verheißungsvoll, sie kann jedoch nach wie vor mit Geld nicht umgehen und wird schnell mit zwei Raten säumig. Daraufhin stellt die Bank den Kredit fällig und fordert Nicole auf, den gesamten Betrag innerhalb von einer Woche zu zahlen. Gudrun versucht, Nicole zu beruhigen, sie solle sich entspannen, sie habe alles im Griff und werde das mit dem Bankberater klären, was wenig überraschend nicht passiert. In einer Mischung aus Großherzigkeit und Naivität überlegt Nicole sogar, der ultimativen Forderung der Bank nachzukommen, um Gudrun nicht in noch größere Schwierigkeiten zu stürzen. In ihrer Vorstellungswelt ist es undenkbar, dass ihre Freundin ihr Wort brechen könnte. Doch Freunde von Nicole reden ihr das eindringlich aus und vermitteln ihr einen Anwalt. Das Ganze führt zu einem Gerichtsverfahren. Die Angelegenheit ist Nicole sehr unangenehm und sie versucht, obwohl sie berufsbedingt ständig auf Reisen ist, eine einvernehmliche Verständigung mit Gudrun zu erreichen. Je nach Stimmungslage vertröstet sie diese oder fordert sie empört per SMS auf, sie in Ruhe zu lassen. Nicole scheut ihrerseits konfliktreiche Aussprachen, weil diese sie emotional aufwühlen und belasten. Gudrun verliert letztlich das Verfahren und wird zusätzlich zu der Kreditsumme zur Zahlung der hohen Gerichtskosten verurteilt. Der Anwalt von Nicole pfändet daraufhin konsequent Gudruns Einkünfte. Alle paar Jahre begegnen sich Nicole und Gudrun zufällig und wechseln einige unverbindliche Worte miteinander. Irgendein Schuldbewusstsein ist bei Gudrun nicht erkennbar.

Die »Schopenhauer-Regel« und die »Narzissmusfalle«

Arthur Schopenhauer war der Meinung: »Man wird in der Regel keinen Freund dadurch verlieren, dass man ihm ein Darlehen abschlägt, aber sehr leicht dadurch, dass man es ihm gibt.« Um Schopenhauers grundsätzliche skeptische Einstellung zu Freundschaft zu verstehen, sollte man vielleicht wissen, dass er seinen Hund als einzig wahren Freund sah. Wenn er sich über diesen ärgerte, dann beschimpfte er ihn mit »Du Mensch«.

Hat Schopenhauer trotzdem recht mit seiner sehr pessimistischen Einschätzung zum Verborgen von Geld unter Freunden? Tatsächlich sind viele Freundschaften am Thema Geld zerbrochen. So sehnte sich Nicole offenbar nach einer tiefen Freundschaft mit Gudrun, während diese nur eine Nutzenbeziehung suchte. Es gibt Menschen, die krankhafte Narzissten sind und keinerlei Schuldgefühle empfinden, wenn sie andere immer wieder durch Vertrauensbruch verletzen. Es fehlt ihnen an innerlicher Abgrenzung, um die Rechte anderer respektieren zu können. Wen interessiert, wie Menschen wie Gudrun ticken und wie man sich vor ihnen schützt, dem sei das Buch »Die Narzissmusfalle« des Psychiaters

Reinhard Haller empfohlen. Als Kennzeichen narzisstischer Persönlichkeitsstörungen beschreibt er darin unter anderem übertriebenes Selbstwertgefühl, die Erwartung, ohne besondere Leistungen als »etwas Besonderes« gesehen zu werden, das ständige Verlangen nach Bestätigung, das Ausnutzen zwischenmenschlicher Beziehungen zur Erreichung eigener Ziele und den Mangel an Einfühlungsvermögen. Einem Narzissten ist es nicht möglich, einen Fehler zuzugeben oder sich gar zu entschuldigen. Das wäre eine unerträgliche Kränkung seines großartigen Selbstbildes. Der Narzisst macht keine Fehler, sein Standpunkt ist stets objektiv richtig und Kritik daran prinzipiell verachtenswert.[1]

Die Erfahrung zeigt, dass wir es kaum vermeiden können, im Laufe unseres Lebens krankhaften Narzissten zu begegnen. Es gibt zwei Möglichkeiten, mit diesen umzugehen: Erstens, wenig psychologisch formuliert, seinen »Arschloch-Früherkennungs-Detektor« so zu schärfen, um Freundschaften oder gar Beziehungen mit diesem Typus von Menschen so weit wie möglich auszuweichen. Zweitens könnte man den weitaus anspruchsvolleren »buddhistischen Zugang« wählen und zu sich sagen: »Danke, dass ich so einem ausgeprägten Ego wie dir begegnen durfte, das ermöglicht mir, an mir zu arbeiten und zu üben, meine eigenen negativen Gefühle zu beherrschen.«

Hört bei Geld die Freundschaft wirklich auf?

»Seit Robert sein ganzes Vermögen verloren hat, will die Hälfte seiner Freunde nichts mehr mit ihm zu tun haben.«

»Und was ist mit der anderen Hälfte?«

»Die weiß es noch nicht!«

Vertraut man auf die Weisheit von Kalendersprüchen, so ist die Antwort auf die Frage, ob man Freunden Geld leihen soll, eindeutig: »Beim Geld hört die Freundschaft auf.« Auch wer zu Recht glaubt, dass die Lebensrealität die Simplizität von Sprichwörtern übersteigt, sollte sich bewusst sein, dass Schuldenmachen unter Freunden zumindest ein hohes Gefahrenpotenzial bedeutet. Das beginnt damit, dass gerade in Krisensituationen der vom Freund erhoffte Betrag oft nicht mit dem tatsächlich geborgten übereinstimmt. Arno benötigt 30.000 Euro, um mit seinem Geschäft nicht in Konkurs gehen zu müssen, sein vermögender Freund Martin borgt ihm aber nur 10.000 Euro, weil er ahnt, dass Arno seine Rückzahlungsfähigkeit überschätzt. Als dieser Martin tatsächlich das Geld nicht zurückzahlen kann, führt das zu einer Entfremdung zwischen den ehemals engen Freunden. Martin ist zusätzlich verärgert, weil er erfahren hat, dass Arno vor Kurzem eine teure Auslandsreise unternommen hat. Aus Scham vermeiden beide das unangenehme Thema erst, um schließlich überhaupt den Kontakt abzubrechen.

Ein guter Prüfstein für die eigene Entscheidung, ob man einem Freund Geld borgen soll, ist die Frage: »Warum bittet mich der Freund um Geld?« Ist er tatsächlich unverschuldet in eine Notsituation gekommen, kann es für Freundschaft sogar besser sein, dem Freund einmalig einen Betrag zu schenken, als diesen ständig zu alimentieren. Das ist dann Ausdruck der Haltung »Ich bin für dich da, wenn du mich brauchst«.

Denn der Umstand, geborgtes Geld einem Freund zurückzahlen zu wollen, es aber nicht zu können, stürzt auch den Schuldner in ein quälendes Dilemma. Nina: »Mein ehemaliger Partner Marco hat mir ungefragt 10.000 Euro geborgt, damit ich meine intensive Ausbildung als Lebensberaterin abschließen konnte, ohne nebenbei ständig Jobs als Kellnerin annehmen zu müssen. Nach der Trennung ist es uns gelungen, aus der Beziehung eine wirklich gute Freundschaft zu machen. Mich belastete diese Schuld danach, weil ich einfach nicht in der Lage war, diese von meinem unregelmäßigen Einkommen zurückzuzahlen. Marco hat mich lange nicht darauf angesprochen, bis er selbst in finanzielle Schwierigkeiten kam und mich direkt gefragt hat, ob ich ihm das Geld möglichst innerhalb von zwei Wochen geben könnte. Ich musste ihm antworten: ›Wenn ich es könnte, hätte ich es dir schon lange zurückgezahlt.‹ – ›Dann gib es mir, wenn du kannst‹, hat er sehr lieb geantwortet. Jedenfalls würde ich mich mit meiner heutigen Erfahrung nicht mehr auf so etwas einlassen. Ich war ihm damals zwar sehr dankbar, aber ich habe ihn nicht darum gebeten. Mir war von Anfang an bewusst, dass ich die Rückzahlung in absehbarer Zeit nicht schaffen würde. Wenn man dem Partner Geld fast aufdrängt, dann wäre es besser, ihm zumindest einen Teil davon einfach zu schenken.«

Fazit: Einen Freund um Geld bitten zu müssen oder einem Freund selbst Geld zu borgen, ändert meist den Charakter einer Freundschaft. Die Wahrscheinlichkeit, dass Verdruss oder gar ein Zerbrechen der Freundschaft droht, ist deutlich höher als die Chance, diese durch das Leihen von Geld oder gar das Übernehmen einer Bürgschaft zu vertiefen. Entschließt man sich dazu, einem Freund in Not mit Geld zu helfen, ist Schenken oft besser als Borgen. Natürlich nur so weit, wie es die eigenen Verhältnisse erlauben.

Maria und Stefan waren fünf Jahre lang gute Freunde, die sich menschlich bestens verstanden und für ähnliche Dinge begeisterten. Beide planten eine berufliche Neuorientierung und diskutierten nächtelang ihre Konzepte, manchmal zum Leidwesen ihrer jeweiligen Partner. Irgendwann beschlossen sie, ihre unterschiedlichen Fähigkeiten zu bündeln und es mit einer gemeinsamen Firma zu versuchen. Ihre Freundschaft vertiefte sich durch die Arbeit an ihrer Vision, sie inspirierten und bestätigten sich gegenseitig und überwanden die vielen Krisen, mit denen Jungunternehmer konfrontiert werden. Tatsächlich schafften sie es innerhalb von drei Jahren, eine höchst erfolgreiche Managementtrainingsfirma aufzubauen. Die Gewinnung einiger internationaler Topstars aus verwandten Gebieten verschaffte den beiden Aufmerksamkeit in den Wirtschaftsmedien.

Die ersten beiden Jahre hatte Maria mit viel Energie an der neuen Idee gearbeitet und akzeptiert, dass Stefan die wesentlichen strategischen Entscheidungen traf und von der Außenwelt als die Nummer eins gesehen wurde, obwohl sie beide je zur Hälfte an der Firma beteiligt waren. Oft musste sie sogar zähneknirschend hinunterschlucken, dass sie bei Kundenterminen als Assistentin gesehen wurde. So bauten sich mit der Zeit Spannungen auf. Maria, die für die Organisation verantwortlich war, begann, sich immer mehr in die Seminarinhalte einzumischen, wovon sie aus Sicht von Stefan wenig Ahnung hatte. Als die Konflikte heftiger wurden und Stefan andeutete, dass eine faire Trennung in absehbarer Zeit wohl die beste Lösung sei, begann Maria, bestärkt durch Freundinnen, den Plan zu entwickeln, Stefan aus dem Unternehmen zu drängen und es allein zu übernehmen. Sie kühlte die persönliche Beziehung weiter ab, um sie auf dem Nullpunkt einzufrieren. Danach eskalierte Maria die sachlichen Differenzen immer mehr und versuchte gleichzeitig, wichtige Kunden auf ihre Seite zu ziehen. Nach vielen gescheiterten Einigungsversuchen vereinbarten beide einen gemeinsamen Termin, bei dem es zu einer sachlichen Trennung kommen sollte.

Stefan läutete zum vereinbarten Zeitpunkt pünktlich an ihrer Haustüre, denn Maria wollte das heikle Gespräch bei sich zu Hause führen. An diesem Tag schüttete es in Strömen. Niemand öffnete trotz mehrmaligem Läuten. Er versuchte, Maria auf ihrem Mobiltelefon zu erreichen, wo nur der Anrufbeantworter eingeschaltet war. Nach zehn Minuten rief sie endlich zurück und teilte ihm mit, dass sie leider in ihrem Nagelstudio nicht fertig geworden sei, dieses aber nur wenige Minuten entfernt sei und sie die Besprechung ja dort einmal beginnen könnten, bis sie mit der Behandlung fertig sei. »Ich bespreche unsere vertraulichen Angelegenheiten sicher nicht mit dir in einem Nagelstudio. Ich gebe dir jetzt genau fünf Minuten, dass du hierherkommst und wir unsere Besprechung machen«, versuchte er ihr, seine ungeheure Wut unterdrückend, möglichst sachlich zu entgegnen. Sie komme, so schnell sie könne, sagte sie und legte auf.

In der Zwischenzeit öffnete ihm ein Hausbewohner die Türe und er wartete weitere 15 Minuten, nass auf den Stiegen sitzend, bis Maria endlich ohne ein Wort der Entschuldigung auftauchte. Schweigend fuhren sie im Lift nach oben. »Hättest du dir nicht die Mühe machen können, mich vielleicht vorher anzurufen und mir zu sagen, dass du wie immer zu spät kommst, statt mich wie einen Idioten im Regen stehen zu lassen?«, eröffnete Stefan das Gespräch. »Ich habe ohnehin versucht, dich zu erreichen«, behauptete Maria. Das Gespräch verlief in angespannter Atmosphäre, die

Standpunkte entfernten sich noch mehr. So werden Freundschaften endgültig begraben und Kriege begonnen.

Die Anwälte wurden in der Woche danach eingeschaltet. Nach einem Ringen, das fast zwei Jahre dauerte, wurde die gemeinsame Firma liquidiert, mit massiven Verlusten für beide. Eine weitere vielversprechende Firmenneugründung hatte die kritischen ersten vier Jahre nicht überlebt und eine Freundschaft war zerbrochen. Letzteres belastet Maria und Stefan bis heute mehr als das verlorene Geld. Geld ist ersetzbar, Freundschaft nicht.

Geschäfte mit Freunden sind hochriskant – die Ausnahme bestätigt die Regel

Eine Regel für die Absicherung von Freundschaft gegenüber den Gefahren, die aus gemeinsamen Geschäften drohen, ist die klare Definition der Rolle, in der die Beteiligten jeweils agieren. Wenn der eine glaubt, als Freund seine Position vertrauensvoll offenlegen zu können, und der andere im harten Verhandlungsmodus agiert, dann wird das zwangsläufig zu Enttäuschungen führen.

Geschäfte mit Freunden gefährden nicht nur die Freundschaft, sondern sind auch für den wirtschaftlichen Erfolg eher ein Risikofaktor. Eine Studie der Harvard-Universität mit dem Titel »The Cost of Friendship« belegt, dass zu viel gegenseitiges Vertrauen unter Geschäftsfreunden offenbar nachlässig macht und mitunter zu schlechteren wirtschaftlichen Ergebnissen führt. Dieser Befund bestätigt die Beobachtung von Sozialpsychologen, dass Menschen eine Vorliebe für Partner haben, die ihnen ähnlich sind. Für Risikokapitalgeber kann diese Neigung teuer werden. Investments, bei denen die Partner aufgrund persönlicher Sympathien ausgewählt wurden, gehen häufiger schief – die Erfolgswahrscheinlichkeit sinke um bis zu 25 Prozent, schreiben die Forscher. Ganz anders sieht es aus, wenn man sich seine Partner nicht aufgrund persönlicher Nähe, sondern anhand ihrer Qualifikationen aussucht. Wer sich zum Beispiel mit dem Absolventen einer Elite-Universität zusammentut, darf auf deutlich üppigere Erträge hoffen. Die Wahrscheinlichkeit, das Start-up später erfolgreich an die Börse zu bringen, steigt dann um neun Prozent.

Larry und Sergey lernten sich im Frühjahr 1995 bei einer Orientierungsveranstaltung für Studienanfänger der Stanford-Universität kennen. Beide verwickelten sich sofort in ein intellektuelles Gefecht und entdeckten dabei eine gleiche Augenhöhe, wie sie diese bis dahin selbst unter ihren brillanten Studienkollegen noch selten erlebt hatten. Beide waren als Söhne von Universitätsprofessoren trainiert, ihre Standpunkte energisch zu vertreten. Ihre Leidenschaft für Mathematik, Computer und Zukunftsfragen sowie der wechselseitige Respekt schufen die Voraussetzungen für eine Freundschaft, die offenbar bis heute hält, obwohl die beiden zu den reichsten Menschen der Welt gehören. Viel Geld und ein gemeinsames Milliardenunternehmen müssen nicht zwangsläufig mit Freundschaft unvereinbar sein, wie die Geschichte der beiden Google-Gründer Larry Page und Sergey Brin zeigt.

1 Reinhard Haller: Die Narzissmusfalle – Anleitung zur Menschen- und Selbsterkenntnis, Salzburg 2013

8. Du sollst dir Freunde suchen, mit denen du auf gleicher Augenhöhe bist

Harald und Werner sind Schulfreunde, die viel gemeinsame Zeit in einer christlichen Jugendgruppe verbringen. Harald ist Gruppenleiter, Werner sein loyaler Stellvertreter. Nach dem Schulabschluss wollen beide Psychologie studieren und beschließen, das Studium in Mindestzeit gemeinsam als Tandem zu bewältigen. Das ist deshalb notwendig, weil sie aus Familien stammen, für die die Finanzierung des Studiums eine große finanzielle Belastung bedeutet.

Harald und Werner entwerfen einen genauen Plan, welche Prüfungen jedes Semester im ersten Studienabschnitt absolviert werden müssen. Sie teilen sich die Vorlesungen auf, die sie besuchen, tauschen die Mitschriften aus und lernen gemeinsam für die Prüfungen. Harald macht zusätzlich Karriere in der christlichen Jugendgruppe und wird sogar vom Bischof entdeckt und gefördert. Die beiden Freunde arbeiten hart und nach knapp drei Jahren fehlt ihnen nur mehr eine schwierige Prüfung in Statistik, um den ersten Studienabschnitt wie geplant in der Mindestzeit zu schaffen. Da beide weder Mathematik- noch Statistiktalente sind, bedeutet das, zumindest sechs Wochen lang, jeden Tag intensiv zu lernen. Als Harald die Treffen mit Werner für die erste Woche fixieren will, teilt ihm dieser mit, dass er jetzt einfach einmal eine kurze Erholungszeit brauche. Die eine Prüfung könne man doch locker im Herbst nachholen. Haralds Drängen, jetzt so knapp vor dem Ziel nicht Schwäche oder viel schlimmer Laschheit zu zeigen, bleibt wirkungslos. Harald lernt allein und besteht ganz knapp die Prüfung, bei der 80 Prozent der Studenten durchfallen.

Im Herbst beginnt der frischgebackene Bachelor Harald mit dem zweiten Studienabschnitt. Ab nun studiert er allein. Die eine von Werner aufgeschobene Statistikprüfung erweist sich als Weggabelung für die weiteren Studienwege der beiden Freunde. Harald absolviert das Psychologiestudium in Mindestzeit und hängt danach trotz Berufstätigkeit noch ein Doktorat an. Werner braucht für sein Masterstudium zehn Jahre statt der geplanten fünf. In diesen zehn Jahren entwickeln sich die Lebenswege der einstmals engen Freunde immer weiter auseinander. Bedingt durch die Kombination aus Studium in der Mindestzeit und seinem sozialen Engagement erhält Harald einen Spitzenjob in einer Bank und auch sein Privatleben ist erfüllt durch eine Partnerschaft mit einer attraktiven und intelligenten Rechtsanwältin. Werner leidet dagegen unter den ständigen Abweisungen von Frauen, die er für sich gewinnen möchte, und beruflich kämpft er als Selbstständiger mit Kleinaufträgen ums Überleben.

Werner und Harald hören mehr von ehemals gemeinsamen Freunden übereinander als durch persönliche Begegnungen voneinander. Irgendwann reißt der Kontakt völlig ab. Harald erfährt, dass Werner herumerzählt, wie sehr er von ihm enttäuscht sei, weil er ein selbstsüchtiger, berechnender Karrierist geworden wäre. Diese Botschaften Dritter berühren Harald für ihn selbst überraschend gar nicht, sie entheben ihn nur der Verpflichtung, von sich aus nochmals den Kontakt zu Werner zu suchen.

Wenn die Lebensläufe von Freunden, die von einem ähnlichen Ausgangsniveau gestartet sind, immer stärker auseinanderklaffen, der eine die mit viel Anerkennung verbundene Spitzenstellung erreicht, während der andere sowohl beruflich als auch privat von Enttäuschungen geplagt wird, dann ist das eine schwer zu lösende Belastung. Das Leiden und die damit verbundene negative Energie gehen meistens vom Benachteiligten aus. Dieser hat viel mehr Zeit, trüben Gedanken nachzuhängen, warum er vom Schicksal so schlecht behandelt wurde, während dem anderen alles Glück der Welt scheinbar mühelos zufliegt. Für den Erfolgreichen gilt: Gleich und gleich gesellt sich nun mal gleich. Geht die gleiche Augenhöhe dauerhaft verloren, bedarf es schon engelsgleicher Charaktere, um die Freundschaft zu retten. Den eigenen Erfolg vor anderen ständig herunterzuspielen, um damit den Status des Freundes künstlich zu erhöhen, wird auf Dauer für den Sieger anstrengend und vom Verlierer letztlich durchschaut. Wie soll freiwilliges Geben und Nehmen ausgewogen funktionieren, wenn einer von beiden immer mehr Felder im Spiel des Lebens zurückfällt?

Liebenswürdiger Versager und Überflieger funktioniert nicht wirklich

Ambitionslose Lebenskünstler wie der von Jeff Bridges gespielte Jeffrey Lebowski in »The Big Lebowski« werden nur im Film zu Helden. In dem Kultfilm läuft die Alt-Hippie-Truppe zwar zur Hochform auf, als ihr informeller Anführer, der »Dude«, plötzlich in Schwierigkeiten steckt, im Normalfall ist eine Ansammlung von Verlierern und Nichtstuern keine gute Voraussetzung für echte Freundschaften. »Dude« und Konsorten sammeln sich in Wirtshäusern und retten ihren Fußballclub, nach einigen Bieren sogar die ganze Welt.

Eine frühe Variante idealisierter Freundschaft zwischen Versagern ist der im Jahr 1930 gedrehte Film »Die Drei von der Tankstelle« mit Heinz Rühmann, Oskar Karlweis und Willy Fritsch. Die völlig pleitegegangenen Freunde eröffnen eine Tankstelle und wollen sich der wahren Männerfreundschaft widmen. Sie verlieben sich dann natürlich alle in dieselbe reiche Frau, was zu vorhersehbaren Turbulenzen führt. Das Thema »Ein Freund, ein guter Freund« erwies sich als so erfolgreich, dass es 1955 nochmals verfilmt wurde.

Die weibliche Ausprägung derartiger Klischees sind die Kaffeehaus- oder Prosecco-Runden wohlhabender Ehefrauen oder Ex-Ehefrauen, die immer wahnsinnig beschäftigt sind, aber nie in Verlegenheit geraten, wenn es darum geht, mit ihren Lästermäulern die ganze Stadt niederzumachen. Serien wie »Sex and the City« oder aktuell die »Vorstadtweiber« überzeichnen unterhaltsam Frauenfreundschaften.

Für Männer und Frauen gilt: Freundschaften mit Freizeitcharismatikern bieten im besten Fall Geselligkeit, aber keine belastbaren Beziehungen. Gegenseitiger Respekt zwischen liebenswerten Versagern und erfolgreichen Menschen entsteht eher selten. Das liegt oft gar nicht an den Erfolgreichen, die vielleicht gerne den Kontakt zu alten Jugendfreunden halten würden, von diesen aber abgelehnt werden, weil sich in ihnen das eigene Versagen spiegelt.

Dominanz in Freundschaften geht selten lange gut, sondern rächt sich irgendwann

Tobias war tief davon überzeugt, dass Björn zu seinen besten Freunden zählte. Nicht nur die Dauer von über 20 Jahren, sondern eine gewisse Seelenverwandtschaft verband die beiden trotz unterschiedlicher Lebenswege, Tobias als risikobereiter Selbstständiger, Björn als quasi unkündbarer Mitarbeiter an einer Universität. Durch eine Verkettung aus Eigenverschulden und unglücklicher Umstände trudelt Tobias in eine finanzielle Situation, die für ihn bedrohlich wird. Er öffnet sich Björn und bittet diesen, ihm für einige Tage 4.000 Euro zu borgen, weil er sonst eine dringliche Zahlung nicht leisten könnte und mit Exekution rechnen müsse. Björn antwortet, er habe zwar ausreichend Geld auf dem Konto, um kurzfristig einzuspringen, er glaube aber nicht, dass damit die wirklichen Probleme von Tobias gelöst werden könnten. Er sei bereit, mit Tobias ein Gespräch über dessen Leben zu führen. Tobias versucht verzweifelt, Björn klarzumachen, dass es nur um einige Tage gehe und er dann eine größere Zahlung bekomme. Er brauche jetzt einfach dringend das Geld. Björn verteidigt seinen Standpunkt, gerne psychologische Unterstützung zu geben, aber keine finanzielle. Für Tobias erlöschen alle freundschaftlichen Gefühle ähnlich einem glühenden Eisen, das man in eiskaltes Wasser taucht, mit einem heftigen Aufbrausen. Die Freundschaft kühlt schnell ab und erwärmt sich nicht wieder. Tobias über die möglichen Beweggründe: »Björn war immer der Typus Buchhalter. Er führte Listen über alles und jedes, sogar über jeden einzelnen Tag seines Lebens. Sein großer Schatten war die Eifersucht. Er war eifersüchtig, dass ich einfach talentierter beim Tennis war, lange Zeit als Selbstständiger deutlich mehr verdiente als er und eine attraktive Frau hatte. Leider hat im Augenblick meiner Schwäche in ihm genau dieser negative Charakterzug die Oberhand gewonnen. Er hat für diese kurzfristige Genugtuung, mir zu zeigen, dass in Wirklichkeit er der Erfolgreichere ist, unsere Freundschaft geopfert.«

Kann Freundschaft soziale Klüfte überwinden?

»Spiel nicht mit den Schmuddelkindern,
sing nicht ihre Lieder.
Geh doch in die Oberstadt,
mach's wie deine Brüder!«

Der Text des deutschen Liedermachers Franz Josef Degenhardt aus dem Jahr 1965 mag heute in seiner Härte überholt klingen, die Botschaft ist leider aktuell. Freundschaften außerhalb der eigenen sozialen Schicht sind noch immer eher die Ausnahme als die Regel. Die junge Verkäuferin hat im Normalfall keine Rechtsanwälte, Unternehmer oder Ärzte als Freunde. Sie gehört keinen Netzwerken an und hat geringere Möglichkeiten, Freunde außerhalb ihres Familien- und Bekanntenkreises zu finden. Das klingt schlimm, entspricht aber der wenig romantischen sozialen Realität. So untersuchte die Sozialforscherin Erika Alleweldt in ihrem Buch »Die differenzierten Welten der Frauenfreundschaften: Eine Berliner Fallstudie« unter anderem die privaten Beziehungen von jungen Verkäuferinnen und fand dabei heraus, dass diese ihr Sehnsuchtsbild nicht einmal im Ansatz verwirklichen konnten.

Eine erzählte von einer Party bei sich zu Hause, zu der sie sechs Gäste eingeladen hatte, aber nur drei kamen. Der Abend zog sich hin in befangenem Schweigen. Es mangelte den Verkäuferinnen an jener sozialen Gewandtheit, die ein Kennenlernen in Etappen und damit Freundschaft überhaupt erst ermöglichte, meint die Forscherin.[1] Ihre Studie kommt zu dem Schluss, dass die Möglichkeiten und Grenzen von Freundschaften gesellschaftlich ungleich verteilt sind. Tragfähige Freundschaften sind wie Bildung eher ein Privileg der Bessergestellten. Freundschaften sind zwar zu einem anerkannten Wert in einer Gesellschaft geworden, in der Vernetzung eine zentrale Rolle spielt, doch Freundschaften lassen sich nicht für alle in gleicher Weise realisieren.

In Freundschaften geht es bei gleicher Augenhöhe weniger um Geld oder Attraktivität, sondern vor allem um die intellektuelle und emotionale Übereinstimmung. Wenn ständig entweder ein Unterlegenheitsgefühl (»Was meint er bloß? Schade, dass ich da nicht mitreden kann«) oder Verwunderung (»Wie kann man nur das nicht wissen?«) aufkommt, dann kann kein Fluss in der Kommunikation entstehen. Dabei ist nicht formale Bildung wie ein Universitätsabschluss oder kognitive Intelligenz gemeint. Aber eine Aussage des Soziologen Benjamin Barber könnte durchaus zutreffen: »Ich teile die Welt nicht in Schwache und Starke, oder Gewinner und Verlierer ein. Ich teile die Welt in Lerner und Nicht-Lerner ein.« Menschen, die sich als neugierige Lerner sehen, werden sich auf Dauer schwer mit Nicht-Lernern verstehen.

Eine interessante Philosophie verfolgt der langjährige Herausgeber des Wirtschaftsmagazins »trend«, Helmut A. Gansterer: »Meine Freunde müssen nicht erfolgreich sein, aber sie müssen sich bemühen. Der Kontrast zwischen den Menschen, die ich am Höhepunkt ihres Schaffens als Künstler oder Unternehmer erleben durfte, und denen, die mich nur mit ihrer dunklen Seele nach unten zogen, wurde mir zu groß. Dabei habe ich sicher manche großartige menschliche Eigenschaft übersehen.«

Manchmal erweisen sich hochgebildete Menschen als soziale Totalversager. Hingegen gibt es viele Menschen, die aufgrund ihrer Herzenswärme, ihres Charmes oder ihrer Lebenserfahrung wunderbare Freunde sein können. Das Typische für Freundschaft ist, von den Rollen, die wir im Leben sonst offiziell ausüben, abzusehen und uns von Mensch zu Mensch zu begegnen. Ein literarisches Beispiel dafür ist das Verhalten des Tyrannen am Ende von Schillers »Bürgschaft«. Mit seinem berühmten Satz »Ich sei, gewährt mir die Bitte, in eurem Bunde der Dritte!« verlässt dieser zumindest in diesem Augenblick die Rolle des absoluten Herrschers und begibt sich nicht nur auf gleiche Augenhöhe mit seinen Untertanen, sondern geht so weit, sie aus der Position des moralisch Unterlegenen um etwas zu ersuchen. Seit bereits mehr als 200 Jahren berührt diese Ballade die Menschen, wahrscheinlich gerade weil sie eine Sehnsucht erfüllt, die so fern der erlebten Realität ist.

Jeder lebt sein Leben

Ein möglicher Schatten, der zu einer schiefen Ebene in Freundschaften führt, kommt von der übertriebenen Ausrichtung auf die Wünsche und Gefühle anderer auf Kosten der eigenen Bedürfnisse. Auf Dauer entsteht dadurch Ärger, der immer stärker unterdrückt werden muss. Drei typische Schemata dafür sind Unterwerfung, Aufopferung und die Sucht nach Anerkennung. In jedem Fall wird die Einschätzung der eigenen Wertigkeit von den

Reaktionen anderer abhängig gemacht, statt durch die eigenen natürlichen Neigungen definiert.

Freundschaft ist nicht die Herrschaft des einen über den anderen. Wie in allen menschlichen Beziehungen ist die Machtfrage aber nie ganz auszuklammern: In welches Lokal gehen wir? Wer zahlt? Welchen Film schauen wir uns an? Wann treffen wir uns? Wer fährt zu wem, um dann die längere Heimfahrt auf sich zu nehmen?

Unterschiedliche Lebensläufe zwingen uns nicht dazu, Freundschaften unbedingt aufrechtzuerhalten. Weder gibt es ein moralisches Recht, sich um den Jugendfreund zu kümmern, der im Leben versagt, noch die Pflicht, das Leben als einen Wettlauf mit einem Freund zu sehen, der aus welchen Gründen auch immer schneller vorankommt.

Zum Problem werden auseinanderklaffende Lebenswege erst, wenn sich einer von beiden oder beide Freunde selbst zu wichtig nehmen: entweder der Abgeschlagene, der das Gefühl hat, nicht erfolgreich genug zu sein, um vom anderen akzeptiert zu werden, oder der Erfolgreiche, der sagt, mit dem Verlierertypen gebe er sich nicht mehr ab. Es ist daher nicht die Tatsache von unterschiedlichen Lebensläufen, die Freundschaften scheitern lässt, sondern es sind die Interpretationen, die beide daraus ziehen. Wenn wir uns daher von fixierten Vorstellungen über unsere Freundschaften befreien, dann können diese auch zwischen völlig unterschiedlichen Menschen gut funktionieren. Natürlich kann der exzellente Chirurg mit seinem Jugendfreund, der es vielleicht beruflich nicht so weit gebracht hat, dafür aber topfit ist, regelmäßig Bergsteigen gehen. Gibt es nicht sogar eine Sehnsucht in uns allen nach Freundschaften außerhalb unseres gewohnten sozialen Umfelds?

Das könnte der Grund für den phänomenalen Erfolg des französischen Films »Ziemlich beste Freunde« gewesen sein. Diese Geschichte, in der sich der schwarze Problemtyp aus der Pariser Vorstadt mit dem reichen launischen Rollstuhlfahrer anfreundet, in der einer der beiden sein Verantwortungsbewusstsein entdeckt, der andere das wahre Leben, lebt vom kitschfreien Aufeinanderprallen gegensätzlicher Welten. Auch die größten Zyniker können sich der Wärme nicht entziehen, die im Kinosaal entsteht, wenn zwei Menschen, die überhaupt nicht auf gleicher Augenhöhe sind, trotzdem eine tiefe menschliche Beziehung aufbauen. Interessant ist, was Philippe Pozzo di Borgo, dessen reale Lebensgeschichte das Vorbild für den Film war, über die Wichtigkeit von Berührungen sagt: »Es ist doch so: In unserer Gesellschaft rangieren Werte wie Jugend und Leistungsfähigkeit, Sportlichkeit, Dynamik sehr, sehr hoch. Deshalb ist es für viele Menschen schwer zu ertragen, dass wir so verlangsamt sind, dass wir so wenig reagieren können. Die Leute haben Angst vor uns. Das Einzige, was uns bleibt, ist, sie zu verführen, mit dem Lächeln, das wir haben, mit unserem Humor. Wenn der Kontakt einmal hergestellt ist, dann ist der Weg frei. Berührt uns!«[2]

Gerade in Zeiten, in denen das Berufsleben immer stärker von Brüchen, kurzen Hochs, kurzen Tiefs und dann wieder Hochs geprägt ist, stimmen die ehemals klaren Bilder von Siegern und Versagern, von Reichen und Armen, von Schnellen und Langsamen immer weniger. Diese Tatsache sollte uns anregen, unsere eigenen Lebenswege und die unserer Freunde immer wieder zu hinterfragen. Das könnte helfen, die eigenen Hochs gelassener und die Tiefs selbstbewusster zu interpretieren. Gleiche Augenhöhe hieße dann, dass wir die Berge und Täler im Leben nicht immer genau zum gleichen Zeitpunkt wie unsere Freunde bewältigen, sondern dass wir diese nicht aus den Augen verlieren wollen. Dazu wird es manchmal notwendig sein, einen Freund einen Berg mühsam hinaufzuschieben, selbst wenn wir dadurch scheinbar Zeit für die Erreichung unserer eigenen Ziele verlieren. Jene verlorene Zeit kann sich im Nachhinein als besonders wertvolle Zeit herausstellen.

»Unsere äußeren Schicksale interessieren die Menschen, die inneren nur den Freund.«

Heinrich von Kleist

---

1 Beste Freunde – Das wichtigste Bündnis unseres Lebens, in: Der Spiegel, 29.12.2014, S. 117
2 Titelgeschichte über ein Gespräch zwischen Philippe Pozzo di Borgo und Samuel Koch im Spiegel vom 16.7.2012

9. Du sollst dir gerade dann Zeit für deine Freunde nehmen, wenn du glaubst, keine Zeit zu haben

»Bitte ... zähme mich!«, sagte der Fuchs.
»Ich möchte wohl«, antwortete der kleine Prinz, »aber ich habe nicht viel Zeit. Ich muss Freunde finden und viele Dinge kennenlernen.«
»Man kennt nur die Dinge, die man zähmt«, sagte der Fuchs.
»Die Menschen haben keine Zeit mehr, irgendetwas kennenzulernen. Sie kaufen sich alles fertig in Geschäften. Aber da es keine Kaufläden für Freunde gibt, haben die Leute keine Freunde mehr. Wenn du einen Freund willst, so zähme mich.«[1]

Es gibt wohl nur wenige, die diese Schlüsselszene aus »Der kleine Prinz« nicht kennen. Wie nahe Freundschaft und Liebe sein können, beweist die Tatsache, dass Millionen Liebender einander das Buch schenkten und genau diese Stelle für den Geliebten anstrichen. Es wird wohl kein Zufall sein, dass die Botschaft dieser im Jahr 1943 erstmals veröffentlichten Parabel bis heute den Nerv vieler Menschen trifft: Wir haben keine Zeit, uns Freunde zu machen, weil wir zu beschäftigt sind.

Nimm dir Zeit für deine Freunde, sonst nimmt die Zeit dir deine Freunde

Eine poetische Parabel wie »Der kleine Prinz« kann uns zwar für Augenblicke berühren, an unseren gehetzten Lebenskonzepten ändert es nichts. Selbst die rationale Einsicht, dass wir uns Zeit für unsere Freunde nehmen müssen, weil mit der Zeit sonst alle Freunde weg sein werden, hilft uns gerade im Lebensabschnitt zwischen 25 und 55 Jahren wenig weiter. Faktum ist, dass wir in dieser Phase aufgrund der vielen Verpflichtungen dazu tendieren, weniger Prime Time mit unseren Freunden zu verbringen. Was hindert uns daran, Zeit für unsere Freunde zu haben? Was davon können wir ändern? Womit müssen wir uns abfinden?

Jeder, der sich mit dem Thema Zeit beschäftigt, wird schnell mit der unleugbaren Tatsache konfrontiert, dass der Glaube, wir könnten Zeit besitzen, eine Illusion ist. Wir können uns daher gar keine Zeit »nehmen« oder sie »geben«. Zeit vergeht auch nicht, sie ist. Das Einzige, das vergänglich ist, sind wir. Wir arbeiten immer mehr und übersehen dabei, dass es drei Formen der Arbeit gibt: die Erwerbsarbeit, die Arbeit für andere und die Arbeit an uns selbst. Die Erwerbsarbeit hat in unserer Gesellschaft so eine Wichtigkeit erlangt, dass die Arbeit für andere, wozu auch Freundschaft gehört, nicht die notwendige Wertigkeit erhält – von der ehrlichen Arbeit an sich selbst ganz zu schweigen.

Josef fühlt sich durch die Ansprüche seiner kleinen Kinder und seiner Frau, den wirtschaftlichen Druck als Selbstständiger und den Wunsch, seinen Freundschaften weiterhin Raum und Zeit in seinem Leben einzuräumen, zunehmend zerrissen. Er ist sich des Problems durchaus bewusst und versucht, sich durch Abgabe von nicht unbedingt notwendigen Aufgaben Spielräume freizukämpfen. Dadurch gelingt es ihm, die engsten Freunde zu halten, doch andere, ihm wichtige, gehen verloren. Josef bestätigt das Ergebnis von Untersuchungen in den USA, die zeigen, dass die Leistungsträger der Mittelschicht im statistischen Schnitt der letzten zehn Jahre einen engen Freund verloren haben, während die Anzahl der Freunde in der Ober- und Unterschicht gleich geblieben ist.

Die einfachsten Regeln der Achtsamkeit, wie zuzuhören, den anderen emotional zu spüren und manchmal zu schweigen, werden durch die Unmengen an Dingen, die wir bewältigen müssen, außer Kraft gesetzt. Spätestens dann, wenn unsere To-do-Listen seitenlang werden, unser Leben wie das freudlose Abarbeiten von Aufgaben scheint, wird es Zeit, mit einer Stop-it-Liste anzufangen. An oberster Stelle bietet sich dafür die Zeit an, die wir vor dem Fernseher und dem Computer oder mit dem Mobiltelefon verbringen. Wie in einem schwarzen Loch verschwinden dort die Stunden, ohne dass wir uns am nächsten Tag daran erinnern können. Die traurige Binsenwahrheit, dass wir am Ende unseres Lebens sicher nicht bereuen werden, mehr Zeit am Computer, Smartphone oder vor dem Fernseher verbracht zu haben, kann man noch deutlicher formulieren: Fernseh- und Computerzeit verkürzen unser Leben. Oder mit Erich Kästner: »Denk an das fünfte Gebot, schlage Deine Zeit nicht tot.«[2] Warum lassen wir uns trotzdem dazu verleiten? Weil Fernsehen scheinbar so bequem und entspannend ist, auch wenn es meist wenig spannend ist, quasi Kaugummi für unsere Augen. Noch gefährlichere Zeiträuber sind Apps. Keine Sorge, jetzt kommt keine moralisierende Warnung vor den Gefahren des Internets, sondern eine kompakte Information über die Mechanismen, mit denen uns Facebook,

LinkedIn und Konsorten systematisch dazu verleiten, mehr Zeit auf ihren Seiten als mit unseren Freunden zu verbringen.

Im Durchschnitt kontrollieren wir täglich 150 Mal unser Smartphone. Sind das bewusste Entscheidungen, für die wir ein schlechtes Gewissen empfinden sollten, weil wir so leicht verführbar sind? Sicher nicht. In Wahrheit tragen wir mit unseren Smartphones raffinierte kleine Verführer mit uns, die ähnlich wie Glücksspielautomaten kurzfristig Belohnungen versprechen. Sie locken uns nicht mit Geldgewinnen, sondern mit sozialer Anerkennung. Tauschen wir auf Facebook unser Profilbild aus, weiß der Logarithmus das und kennt vor allem unser Bedürfnis, möglichst schnell eine Antwort auf die Frage »Werden meine Freunde mein neues Foto mögen?« zu bekommen. Facebook sorgt daher dafür, dass unser neues Foto länger in deren Newsfeed angezeigt wird, um diese zu einem Like oder Kommentar zu animieren. Je mehr Reaktionen wir erhalten, desto öfter werden wir wieder auf Facebook gehen und nachsehen, ob neue dazugekommen sind. LinkedIn setzt vor allem auf die stark in uns verankerte soziale Verpflichtung, uns für empfangene Gefälligkeiten zu revanchieren. Ständig ermuntert uns LinkedIn, neue Verbindungen zu knüpfen oder die Vorzüge anderer Mitglieder zu loben. Jedes Mal, wenn wir dazu auf LinkedIn gehen, schenken wir dem Unternehmen unsere Zeit und machen es damit noch wertvoller. Microsoft gab im Juni 2016 ein Angebot ab, LinkedIn für einen Kaufpreis von 26,2 Milliarden US-Dollar zu übernehmen.

Tristan Harris war bis 2016 Produktmanager bei Google und hat die Bewegung »Time Well Spent« mitbegründet: »Wir brauchen Smartphones als Stütze für unseren Geist. Aber wir brauchen zwischenmenschliche Beziehungen, in denen nicht unsere Impulse, sondern unsere Werte an erster Stelle stehen. Lassen Sie

uns unseren Verstand, unsere Gedanken mit derselben Unerbitt-
lichkeit verteidigen wie unsere Privatsphäre.«[3]

Unsere aufgeklärte westliche Kultur gründet sich auf dem
Ideal der individuellen Wahlfreiheit. Diese bedeutet vor allem die
Möglichkeit, den knappsten Rohstoff, den wir besitzen, unsere
Zeit, nach eigenem Wunsch zu gestalten, unabhängig von den
Ansprüchen anderer an uns. Diese Wahlfreiheit müssen wir kom-
promisslos durch den Gebrauch unseres Verstandes vor jedem
Manipulationsversuch schützen. Eine Anleitung dafür finden wir
in der Literatur.

Einer der klügsten Sätze der Weltliteratur

*»Sie litten alle unter der Angst, keine Zeit für alles zu haben, und
wussten nicht, dass Zeit haben nichts anderes heißt, als keine Zeit
für alles zu haben.«*

Robert Musil in »Der Mann ohne Eigenschaften«

Leben heißt auswählen. Das ist das entwaffnende Gegenargument
für die Ansicht: »Ich habe einfach nicht genug Zeit für meine
Freunde.« »Keine Zeit« für etwas zu haben bedeutet ehrlich betrachtet fast immer, dass etwas anderes im Moment wichtiger ist.
Natürlich gibt es kranke Kinder, Ehekrisen, berufliche Herausforderungen, die unsere ganze Aufmerksamkeit benötigen. Glücklicherweise besteht unser Leben aber nicht nur aus Krisen, und
wenn doch, dann hat das wohl mit unserer Persönlichkeit zu tun.

Stehen unsere Freunde nicht unter den drei Topprioritäten
unseres Lebens, so haben sie zumindest im Augenblick keine
Priorität. Das ist legitim, sollte aber dann eine bewusste Entschei-

dung sein. Sagen wir dagegen: »Meine Freunde sind für mich wesentlich«, so steckt das Wort Wesen darin. Ist uns ein Freund mit seinem ganzen Wesen wichtig genug, werden wir immer Zeit für ihn finden, wenn er uns braucht. Entschuldigungen, Ausreden oder Lügen, dass wir keine Zeit haben, sind ein Zeichen dafür, dass er uns eben nicht wichtig genug ist. Auswählen kann durchaus die bewusste Entscheidung bedeuten, sich in einer bestimmten Lebensphase mit wichtigen Freunden nur zweimal im Jahr zu treffen, dafür open end und mit Freude, statt sechs Treffen in den Terminkalender zu pressen, bei denen man unauffällig immer auf die Uhr schauen muss. Aufmerksam zuhören kann nur, wer die Uhr dabei vergisst.

Rituale helfen aus der Zeitfalle

Jeden Dienstagabend verabreden sich Lili und ihre drei Freundinnen zum Laufen. Nachdem die vier Frauen ihre familiären und beruflichen Pflichten erledigt haben, beginnt ihr »Laufritual«. Zuerst erzählt jede, wie der Tag war, das Erfreuliche genauso wie das Belastende. Fast immer bleibt dann ein Thema hängen, über das alle, teilweise sehr heftig, während der restlichen Laufzeit diskutieren. Zum Beispiel, ob Freundschaften zwischen Männern und Frauen möglich sind und wie man damit umgeht, wenn deren Partner das nicht akzeptieren wollen. Nach einer Stunde endet das gemeinsame Laufen damit, dass sich alle vier erschöpft bestätigen, wie herrlich es wieder war, und sich dann in Richtung ihrer Familien verabschieden. Das Laufritual ist eher zufällig entstanden, findet aber schon seit fünf Jahren statt. Die Ehemänner und die Vorgesetzten der vier Frauen wissen, dass Dienstagabend

»heilige Zeit« ist. Lili: »Bewegung tut einfach dem Körper gut, und daher haben wir unsere knappe verfügbare Zeit füreinander mit etwas kombiniert, das uns allen Freude macht. Aber erst dieser rituelle Charakter sorgt dafür, dass wir zumindest einmal in der Woche Zeit für uns finden. Wir laufen unabhängig von Wind, Wetter und Jahreszeit, das ist Ehrensache.«

Religionen wissen um die Schwäche des Menschen, sich im Alltag treiben zu lassen und dabei Gott zu vergessen. Daher weihen sie jeweils einen ganzen Wochentag Gott. Feste wie Weihnachten oder Pessach sind fixer Bestandteil des Jahres von gläubigen Christen und Juden. Der strenge Tagesablauf des Fastenmonats Ramadan der Moslems sichert, dass dieser nicht einfach vergessen werden kann. Familiäre Beziehungen werden in Religionen durch eine Vielzahl von formellen Ritualen wie Hochzeit, Beschneidung, Taufe, Erstkommunion, Bar-Mizwa unterstützt. Auch wenn Freundschaft keine Religion ist, können uns ganz einfache Rituale wie zum Beispiel das beschriebene »Laufritual« dabei helfen, unseren Freunden die notwendige Priorität im Leben zu geben. »Ritual ist, wenn die Welt eine Zeit lang zur Ruhe kommt und wir in ihr«, sagt der Lebenscoach Heiko Ernst.

Seit 25 Jahren trifft sich Markus mit seinen drei besten Freunden, die er schon aus seiner Studienzeit kennt. Jeden ersten Dienstag im Monat ist einer Gastgeber und sucht das Lokal aus. Die vier diskutieren dann meist bis nach Mitternacht über die politische Lage, berichten einander von beeindruckenden Begegnungen, geben sich Rat bei beruflichen Problemen, erzählen sich Geschichten aus den alten Zeiten, begeistern sich an großartigen Projekten für die Zukunft und teilen manchmal ihren emotionalen Schmerz. Dieser erste Dienstag im Monat wird zu Jahresbeginn eingetragen und gegenüber allen Angriffen auf den randvollen Terminkalender vehement verteidigt, daher kommt es nur selten vor, dass einer fehlt.

Das Wiederkehrende in einer Freundschaft ist ganz wichtig. Es braucht einen Rhythmus, Zyklus oder ein Ritual. Ein Ritual, in dem ein tieferer Sinn steckt, nährt die Freundschaft. Fixe Rituale können auch beitragen, die richtige Balance zwischen unseren Freunden und Liebespartnern zu finden.

Das Dilemma Zeit für die Liebe versus Zeit für Freunde

Wer noch nicht die große Liebe gefunden hat, wird sich zwischen Lebensabschnittspartnerschaften, Vernunftehe mit Seitensprunggefahr oder Singledasein entscheiden müssen. Freundschaft könnte deshalb in unserer Zeit so bedeutend sein, weil Liebe so überladen von Projektionen ist. Deshalb scheitern so viele Beziehungen. Idealisierte Aufladungen sind ein Schutzmechanismus. Je einsamer wir uns fühlen, desto attraktiver wird die Flucht in eine ideale Traumwelt und desto mehr entfernen wir uns von der realen Welt mit möglichen Partnern aus Fleisch und Blut, Stärken und Schwächen. Eine echte Beziehung erscheint nie so schön wie die Vorstellung davon.

Wie viel Projektion steckt in unserem Beziehungswunsch drinnen? Die wahren Ursachen, warum es für manche Menschen immer schwieriger wird, einen passenden Partner zu finden, reichen von Angst vor Nähe bis zur Gefangenschaft in der endlosen Warteschleife auf den Traummann, die Traumfrau. Gerade Menschen, die unter einer schmerzhaften Sehnsucht nach der romantischen Liebe leiden, sollten verstehen, dass diese Sehnsucht umso größer wird, je geringer das soziale Beziehungsnetz insgesamt ist.

Wahre Freundschaften können dazu beitragen, die Lücke eines fehlenden Partners als weniger schmerzhaft zu empfinden. Es bleibt durchaus die berechtigte Hoffnung auf eine Liebe, aber diese lädt sich nicht ins Unerfüllbare auf. Anders formuliert, wenn wir schon in Freundschaften gelernt haben, Beziehungen realistisch und belastbar zu gestalten, dann werden wir uns in einer neuen Partnerschaft leichter tun. Freunde decken durchaus unterschiedliche Bedürfnisse ab, die wir sonst von einem Partner als »Gesamtglückseligkeitspakt« erwarten. So können wir mit einer Freundin tief gehende Gespräche führen, mit einem Freund vor allem Ausflüge in die Natur unternehmen und lustige Erlebnisse genießen und mit einem dritten unser kulturelles Bedürfnis nach Theater und Literatur abdecken. Unerfüllt bleibt dann noch das Bedürfnis nach Sexualität, wobei in einigen Fällen auch dieses mit Freunden gestillt werden kann, wenn beide das wollen, ohne eine echte Liebesbeziehung einzugehen. Jedenfalls können uns Beziehungen zu ausgewählten Freunden in der Summe das Gefühl vermitteln, ein wertvoller und geliebter Mensch zu sein.

Wertvolle Freunde sind kein Ersatz für eine glückliche Liebesbeziehung, aber oft sogar die Voraussetzung dafür. Freundschaften verlangen im Gegensatz zu Liebesbeziehungen keine Exklusivität, weil es keine Besitzansprüche oder Abhängigkeiten geben sollte. Beziehungsprobleme mit einem Freund müssen wir nicht unbedingt sofort lösen, weil wir am nächsten Morgen nicht neben ihm aufwachen werden. Konflikte unter Freunden strahlen im Normalfall nicht auf deren Kinder aus. Freundschaften »überleben« daher häufig Ehen und Partnerschaften, jeder nimmt nach der Trennung seinen Freundeskreis wieder mit.

Für ein erfülltes Leben brauchen wir beides, Liebe und Freundschaft. Umso wichtiger ist es, wenn wir endlich glauben, den Partner fürs Leben gefunden zu haben, nicht sofort alle unsere Freunde auf das Abstellgeleise zu schicken. Gerade wenn die Wartezeit auf einen Liebespartner unerträglich lange war, besteht die Gefahr, diesem alles unterzuordnen. Entpuppt sich der Göttergatte später als menschlicher Totalversager oder die Traumfrau als berechnende Schlange, dann sind meist auch die Freunde weg, statt uns emotionalen Rückhalt zu geben. Dieser Gefahr sind Frauen in der intensiven Zeit der Mutterschaft ausgesetzt, falls sie ihren Freundeskreis völlig vernachlässigen und sich nur mehr mit anderen Jungmüttern umgeben. Auch Jungväter merken oft, wie sie sich von ihren kinderlosen Freunden entfernen. Wahre Freunde werden sich mit uns freuen, wenn wir endlich den ersehnten Partner gefunden haben oder Eltern geworden sind, und Verständnis zeigen, dass wir nun weniger Zeit für sie haben. Umso mehr sollten wir nicht unachtsam mit ihnen umgehen.

Die Sicheren, die Vermeidenden und die Ängstlichen — wie viel Nähe brauchen wir?

Zeit füreinander ist die eine Währung innerhalb einer Freundschaft, Nähe die andere. Oft werden diese beiden Werte miteinander verwechselt. Der eine wünscht sich weniger Nähe, als dem anderen lieb ist, daher sagt er, dass er keine Zeit hat. Das Bedürfnis nach Nähe sowohl in Partner- als auch in Freundschaften ist unterschiedlich ausgeprägt. Es hat weniger mit Wertschätzung zu tun als mit unterschiedlichen Bindungstypen. Die Bindungsforschung hat mit der sogenannten »Attachment-Theorie« drei Bindungstypen identifiziert: den sicheren, den vermeidenden und den ängstlichen Bindungstyp.

Die Typen bilden sich in der frühen Kindheit und haben einen wesentlichen Einfluss auf unsere Glücks- und Beziehungsfähigkeit. Wir brauchen zumindest eine sichere Bezugsperson, das können Eltern, Geschwister, Großeltern oder auch Lehrer sein, um ein Grundvertrauen in Beziehungen entwickeln zu können. Ungefähr 60 Prozent aller Beziehungen gehören dem sicheren Typus an, der Rest teilt sich in die Vermeidenden und die Ängstlichen. Die Sicheren fühlen sich mit Nähe wohl, geben ihrem Partner aber auch jenen Raum, den er braucht. Die Vermeidenden fürchten, ihre Unabhängigkeit zu verlieren, daher lassen sie andere schwer an sich heran, wehren sich gegen zu viel Intimität und versuchen das Leben als einsame Helden zu bestreiten. Sie tun sich mit Freundschaften wesentlicher leichter als mit Liebesbeziehungen, weil sie dort die für sie notwendige Distanz wahren können. Die Ängstlichen sehnen sich dagegen nach Nähe, sind sehr auf die Beziehung fixiert, sorgen sich ständig um diese, fühlen sich schnell verletzt und nehmen sich jedes Wort zu Herzen. Die Angst, den Partner zu verlieren, kann zu dem Versuch verleiten, ihn von seinen Freunden zu isolieren. Gekoppelt mit Eifersucht werden Grenzen überschreitende Verbote wie »Mit diesen Freunden triffst du dich nicht mehr, wenn du mich wirklich liebst« ausgesprochen. Damit wird der Partner in schwere Gewissenskonflikte gestürzt, die dann oft erst recht zu Unehrlichkeit oder gar schmerzhaften Trennungen führen.

Die »Attachment-Theorie« geht davon aus, dass wir uns alle den sicheren Beziehungstypus erarbeiten können. Dieser zeichnet sich vor allem dadurch aus, dass er in Konflikten die Versöhnung sucht und mit Ablehnung umgehen kann, ohne sich selbst oder andere zu verurteilen. Im Buch »Wer bist du, wenn du liebst? Beziehungstypen entschlüsselt – ein praktischer Leitfaden für eine glückliche Partnerschaft« stellen die Autoren Amir Levine und Rachel S. F. Heller die einzelnen Bindungstypen vor und zeigen die Spannungsfelder auf, die den Beteiligten oft nicht bewusst sind. Auch wenn der deutsche Buchtitel nach seichter Ratgeberliteratur klingt, basieren die Erkenntnisse auf neurowissenschaftlichen und psychotherapeutischen Studien. Das Konzept der »Attachment-Theorie« kann Freunden die Augen öffnen, dass hinter ihrem vermeintlichen Zeitproblem in Wirklichkeit der vorprogrammierte Konflikt zwischen dem ängstlichen und dem vermeidenden Typus steckt.

Wie retten wir die Freundschaft?

Wir lernen wohl eher durch schmerzhafte Erfahrungen als durch kluge Erkenntnis. Scheidungen, Trennungen, Kündigungen, Krankheit oder einfach seelische Schmerzen öffnen uns eine andere, oft beängstigende Zeitdimension.

In diesem Buch spielt der Tod von Freunden eine scheinbar überproportionale Rolle. Das Thema gewinnt leider mit zunehmendem Alter an Bedeutung. Den glücklichen Leser, der noch keinen engen Freund verloren hat, soll der Gedanke an die Endlichkeit des Lebens daran erinnern, dass auch er irgendwann ihm wichtige Freunde verlieren wird. Denn vor dieser schmerzhaften Erfahrung sind wir alle naive Zeitoptimisten. Wir sind davon überzeugt, dass es noch genug Zeit geben wird, um mit unseren Freunden all jene Dinge zu tun, die wir gerne mit ihnen erleben möchten. Doch wer garantiert uns diese Möglichkeiten in der Zukunft, bei wem können wir sie einklagen, wenn einer unserer Freunde, vielleicht ganz plötzlich, nicht mehr unter uns ist? Leben heißt auswählen. In Zukunft werden die wahren Reichen die Zeitreichen sein. Zeitreichtum heißt, die Macht zu haben, seine Zeit für jene Dinge zu nutzen, die wesentlich sind. Die wertvollste Zeit im Leben ist jene, die wir mit den richtigen Menschen verbringen. Der Glaube an die Wichtigkeit von Freundschaft ist eine Entscheidung.

»Euer Bestes mögt ihr für euren Freund geben.
Wenn er die Ebbe eurer Gezeiten miterleben muss,
dann lasst ihn auch die Flut miterleben.
Denn was ist euer Freund, dass ihr ihn aufsucht,
um die Stunden totzuschlagen?
Sucht ihn stets auf, um die Stunde zu erleben.
Denn er ist da, eure Bedürfnisse zu befriedigen,
nicht aber eure Leere auszufüllen.
Und in der Süße der Freundschaft lasst Lachen sein
und geteilte Freude.
Denn im Tau der kleinen Dinge
findet das Herz seinen Morgen und wird erfrischt.«

Khalil Gibran

---

1 Antoine de Saint-Exupéry: Der Kleine Prinz. Mit Zeichnungen des Verfassers, übersetzt von Grete und Josef Leitgeb. Mit freundlicher Genehmigung des Rauch Verlages, Düsseldorf 2012.

2 Erich Kästner bezieht sich damit auf das fünfte biblische Gebot »Du sollst nicht töten«.

3 Tristan Harris: Glücksspiel in der Tasche, in: Der Spiegel 29/2016, S. 112 f.

Lebensfreundschaften –
was wir von Dichtern
lernen können

Berühmte Freundschaften von Winnetou und Old Shatterhand bis Narziß und Goldmund – romantische Verklärungen oder inspirierende Vorbilder?

Welcher kleine Junge, der gerade die Phase »Indianer weinen nicht« durchlebt hat, hat nicht geweint, als sich Winnetou in die Kugel warf, um seinem »Bruder Charly« das Leben zu retten? Irgendeine Magie muss von diesem Werk wohl ausgehen, das für viele Jungen das erste dicke Buch war, das sie nachts heimlich mit einer Taschenlampe unter der Bettdecke lasen. Old Shatterhand, die fiktive Figur von Karl May, verkörpert den unfehlbaren weißen Helden. Winnetou entwickelt sich im Laufe der Geschichte immer mehr zur Symbolfigur des »edlen Wilden«, der moralisch den meisten Weißen überlegen ist. Als Häuptling hat er Verantwortung nicht nur für sich selbst, sondern für sein Volk. Karl Mays Weltanschauung klingt durch: Winnetou wird zivilisiert und zum edlen Wilden, während Old Shatterhand aus der Zivilisation kommend durch Winnetou das Ursprüngliche und die Natur schätzen lernt.

Die Blutsbruderschaft zwischen Winnetou und Old Shatterhand beeinflusste Generationen von Jungen.[1] Meistens scheuten sie glücklicherweise davor zurück, sich tatsächlich mit dem Messer den Unterarm aufzuschneiden und begnügten sich mit einem kleinen Ritzer in die Haut. Wichtig war nur, dass ein bisschen Blut gemischt wurde. Konnten Buben abseits der blutigen Verbrüderung etwas über Freundschaft lernen? Sie wurden beim Spielen oft das erste Mal mit der Frage nach ihrer Identität konfrontiert. Wollten sie lieber Winnetou oder Old Shatterhand sein? Warum weigerten sich viele Mädchen, die Nebenrolle der stillen schönen Schwester Nscho-tschi zu spielen? Vor allem Friedensliebe konnten die Jungen in einer Entwicklungsphase lernen, in der es oft nur darum ging, wer der Stärkste war: Winnetou ist ein aus seinem Land vertriebener Häuptling, trotzdem sucht er Frieden und Versöhnung. Für ihn und Old Shatterhand sind Menschen nicht gut oder schlecht, weil sie rot oder weiß sind, sondern es gibt unter beiden Gruppen Anständige und Verbrecher. In unsere heutige Zeit übertragen: Wenn es einem Weißen und einem Indianer möglich war, Freundschaft zu schließen, dann sollte das auch zwischen einem Israeli und einem Palästinenser oder einem Tschetschenen und Afghanen möglich sein. Diese Qualität von Freundschaft kann das Überleben der Menschheit sichern, denn die Alternativen sind Stammeskrieg und Hass.

Die Literatur ist reich an berührenden Geschichten über Freundschaften:

- »Die Abenteuer des Tom Sawyer« von Mark Twain
- Erich Kästner schuf mit »Das fliegende Klassenzimmer«, »Emil und die Detektive« sowie »Pünktchen und Anton« einen neuen Kindertyp als Helden, der selbstbewusst und tatkräftig Probleme gemeinsam mit anderen furchtlos selbst zu meistern versucht. Damit brach er mit dem Ideal des folgsamen, braven Kindes aus der Kinderliteratur des 19. Jahrhunderts.

- Pippi Langstrumpf und ihre Freunde Tommy und Annika von Astrid Lindgren machten Kindern Mut, ihre Grenzen auszuloten, Vorurteile gegenüber Außenseitern zu hinterfragen und sich Gegenwelten zu den Erwachsenen zu schaffen.
- Alexandre Dumas' »Die drei Musketiere«, deren Losung »Einer für alle, alle für einen« bis heute der Leitspruch für Gruppenfreundschaften ist.

Freundschaft spielt auch in erfolgreichen Filmen die zentrale Rolle:

- In den Werken »Die Chroniken von Narnia« von C. S. Lewis und dem »Herr der Ringe« von J. R. R. Tolkien können Menschen Freundschaften sogar mit Fantasiewesen oder Tieren eingehen. Im ersten Teil der Trilogie »Der Herr der Ringe« mit dem Titel »Die Gefährten« schließen sich neun so unterschiedliche Wesen wie Hobbits, Menschen, ein Zwerg, ein Elb und ein Zauberer zusammen, um den gefährlichen Ring zu vernichten. Im Laufe der Geschichte wandelt sich diese Zweckfreundschaft in wahre Freundschaft. Besonders berührend ist die Beziehung zwischen Frodo Beutlin und seinem treuen Begleiter »Sam« Gamdschie, der seine eigenen Ängste in größter Gefahr überwindet und Frodo rettet. Am Ende besiegt die geballte Kraft von Freunden mit sehr unterschiedlichen Fähigkeiten und Schwächen die Macht des scheinbar unbezwingbaren Bösen, verkörpert durch Sauron.
- In »E. T. – Der Außerirdische« von Steven Spielberg versuchen drei Kinder ihren ungewöhnlichen Freund vor der Welt der Erwachsenen zu beschützen und retten ihm am Schluss das Leben, indem sie ihm helfen, auf seinen Heimatplaneten zurückzukehren. E. T. zielt auf unser aller Angst vor dem Alleinsein ab.

Daher geht uns das Leiden des kleinen grünen Schrumpelwesens, das verzweifelt nach Hause telefonieren will, so unter die Haut.

- Frauenfreundschaften werden zum Beispiel in den Filmen »Grüne Tomaten« und »Freundinnen« nach dem Roman »Beaches« oder zeitgeistiger in der Serie »Sex and the City« thematisiert.

Auffallend ist, dass Frauenfreundschaften in der Literatur selten geschichtsträchtig wurden, obwohl es diese gerade unter Künstlerinnen und weiblichen Intellektuellen immer gab. Ein prominentes Beispiel ist die Freundschaft zwischen der Philosophin Hannah Arendt und der Frauenrechtlerin Mary McCarthy. Lange Zeit sahen sich überhaupt nur Männer zu wahrer Freundschaft befähigt, da sie allein als Philosophen und Dichter die Deutungshoheit über sie hatten. Die Mehrzahl der berühmten Freundschaften ist gleichgeschlechtlich. Die Freundschaft zwischen der Friedenskämpferin Bertha von Suttner und Alfred Nobel, dem Erfinder des Dynamits, gilt als Ausnahme.

In diesem Kapitel soll an zwei Beispielen versucht werden, herauszufinden, warum wir uns so sehr nach den wahren Freundschaften sehnen und was wir von berühmten Freundschaften für unser eigenes Leben lernen können.

Narziß und Goldmund: Das ungleiche Paar

»Narziß und Goldmund« von Hermann Hesse[2] spielt im Mittelalter und erzählt die Geschichte der Freundschaft zwischen dem Mönch Narziß und dem jüngeren Goldmund, der von seinem Vater als Schüler in die Klosterschule gebracht wird. Das Einzelkind

Goldmund, dessen Mutter die Familie früh verließ, bewundert von Anfang an die Disziplin und Geistesschärfe von Narziß. Dieser fühlt sich wiederum von Goldmunds Lebensfreude und Sinnlichkeit angezogen. Goldmunds ganzes Bestreben richtet sich ebenfalls darauf, im Kloster als Novize aufgenommen zu werden. Doch Narziß erkennt irgendwann, wie sehr Goldmund unter dem strengen Klosterleben leidet und bestärkt ihn, seiner Natur nachzugeben und in die Welt hinauszugehen.

Dort erfährt Goldmund Lust und Liebe mit Frauen, besteht Abenteuer und tötet in Notwehr einen Landstreicher, der ihn bestehlen wollte. Als er in einer Kirche die Tat beichtet, erinnert ihn eine Marienstatue an die von ihm vergessene Mutter. Er sucht den Meister auf, der die Plastik gefertigt hat, und lernt von ihm die Holzschnitzerei. Dabei zeigt sich sein großes künstlerisches Talent. Als Meisterstück fertigt er eine Johannesfigur an, die seinem Freund Narziß nachempfunden ist.

Nach längerer Sesshaftigkeit bricht er wieder auf, erlebt die Schrecken der Pest und den Tod einer Geliebten. In einer Bischofsstadt verfällt er Agnes, der schönen Geliebten des Statthalters. Die verbotene Liebe wird entdeckt und Goldmund zum Tod verurteilt. Durch eine glückliche Fügung ist der Beichtvater, den man ihm vor der Hinrichtung schickt, ein Abt. Der entpuppt sich als sein alter Freund Narziß. Diesem gelingt es, Goldmund das Leben zu retten und er nimmt ihn freudig in sein Kloster auf, wo Goldmund als Künstler arbeitet. Dazwischen begibt er sich, ermutigt durch Narziß, immer wieder auf Reisen. Bei einer davon stürzt er vom Pferd, bricht sich die Rippen und liegt lange hilflos im eiskalten Wasser.

Mit letzter Kraft schleppt sich Goldmund todkrank in sein Kloster zurück. Er ist erfüllt vom Schmerz und Elend der Welt, den Pesthäusern, den bei Pogromen verbrannten Juden, den verwahrlosten Kindern. Alles bricht aus ihm heraus und er erkennt sein Schicksal. Er war befähigt, mit besonderer Intensität zu empfinden, die Lust genauso wie das Elend. Immer wieder versuchte er, dem Grauen zu entfliehen, in die Lust mit schönen Frauen und in die Kunst. Aber die Lust und die Freude an seiner Schaffenskraft waren nie von Dauer, immer wieder überkam ihn in Phasen der Stagnation der Zwang, auszubrechen, um dann enttäuscht die Vergänglichkeit der Liebe und der Kunst in der Welt zu erleben.

Seelenverwandtschaft benötigt magische Augenblicke

Wie in jeder archetypischen Geschichte[3] kehrt der Held am Ende an jenen Ort zurück, von dem aus er einst aufgebrochen ist. Er ist aber ein anderer geworden, die Erfahrungen seiner Reise haben ihn transformiert. Das trifft offensichtlich auf Goldmund zu, der seine Heldenreise in der äußeren Welt gemacht hat, aber ebenso auf Narziß, der diese Reise in seiner inneren Welt erlebt hat. Beide kommen sich am Ende wieder so nahe wie in ihrer Jugend. Damals hatten ihnen der Mut und die Worte gefehlt, ihre Gefühle für einander auszusprechen. Ihre so unterschiedlichen Lebenswege haben beide verändert und sie erkennen den letzten Lebensabschnitt als Gelegenheit, gemeinsam über die Versuche, ihre Bestimmung zu finden, zu reflektieren. Narziß: »Höre zu: der Denker versucht das Wesen der Welt durch die Logik zu erkennen und darzustellen. Er weiß, dass unser Verstand und sein Werkzeug, die Logik, unvollkommene Instrumente sind – ebenso wie ein kluger Künstler recht wohl weiß, dass sein Pinsel oder Meißel niemals vollkommen das strahlende Wesen eines Engels oder Heiligen wird ausdrücken können. Dennoch versuchen es beide, der Denker wie der Künstler, auf ihre Weise. Sie können und dürfen nicht anders. Denn indem ein Mensch mit den ihm von Natur gegebenen Gaben sich zu verwirklichen sucht, tut er das Höchste und einzig Sinnvolle, was er kann. Darum sagte ich früher so oft zu dir: versuche nicht den Denker oder den Asketen nachzuahmen, sondern sei du selbst, suche dich selbst zu verwirklichen.«

Diese nüchterne Analyse, dass er mit der Bestimmung zum Mönch geboren wurde, heilt Narziß nicht von den Selbstzweifeln über die Sinnhaftigkeit seines asketischen Lebens. Er gesteht sich ein, wie arm sein Leben des Geistes und der Klosterzucht war und wie sehr er Goldmund um die Liebe und die Abenteuer beneidet hat. Dann findet er Trost in einer Erkenntnis: Obwohl Goldmund seine Führung und Belehrungen am Beginn ihrer Freundschaft dankbar angenommen hat, jetzt wo sich dessen Leben dem Ende zuneigt, erkennt Narziß, dass sie einander immer ebenbürtig waren. Nichts von dem, was er Goldmund gegeben hatte, bekam er nicht vielfach zurück. Der von ihm lange Zeit geführte Goldmund wird am Ende zum Führer von Narziß und ermöglicht ihm an Goldmunds Totenbett, seinen Stolz und seine Scheu zu überwinden. Spät, aber nicht zu spät, öffnet Narziß dem Freund sein Herz in einer Liebeserklärung, die zeigt, wie nahe Freundschaft oft der Liebe kommen kann:

»Lass es mich dir heute sagen, wie sehr ich dich liebe, wie viel du mir immer gewesen bist, wie reich du mein Leben gemacht hast. Es wird dir nicht sehr viel bedeuten. Du bist an Liebe gewöhnt, sie ist für dich nichts Seltenes, du bist von so vielen Frauen geliebt und verwöhnt worden. Für mich ist es anders. Mein Leben ist arm an Lieben gewesen, es hat mir am Besten gefehlt ... Wenn ich trotzdem weiß, was Liebe ist, so ist es deinetwegen. Dich habe ich lieben können, dich allein unter den Menschen. Du kannst nicht ermessen, was das bedeutet. Es bedeutet den Quell in einer Wüste, den blühenden Baum in einer Wildnis. Dir allein danke ich es, dass mein Herz nicht verdorrt ist, dass eine Stelle in mir bleibe, die von der Gnade erreicht werden kann.«

Goldmund antwortet ihm verlegen: »Auch ich habe dich immer lieb gehabt, Narziß, die Hälfte meines Leben ist ein Werben um dich gewesen. Ich wusste, dass auch du mich gern hattest, aber nie hätte ich gehofft, dass du es mir einmal sagen würdest, du stolzer Mensch. Jetzt hast du es mir gesagt, in diesem Augenblick, wo ich nichts anderes mehr habe, wo Wanderschaft und Freiheit, Welt und Weiber mich im Stich gelassen haben. Ich nehme es an, ich danke dir dafür.«

Wie viel von Narziß und Goldmund steckt in uns selbst?

Liest man das Buch das erste Mal in jungen Jahren, ist man gefesselt von den tiefen Einblicken, die uns Hermann Hesse in das Leben von zwei völlig unterschiedlichen Menschen gewährt. Beide faszinieren auf ihre Art und Weise. Der selbstbeherrschte Geistesmensch Narziß, der scheinbar ganz genau weiß, wo sein Platz im Leben ist, und der schöne Gefühlsmensch Goldmund, dem die Herzen der Frauen zufliegen, der aber alles versucht, um so wie Narziß zu werden. In dieser frühen Phase der Freundschaft ist Narziß eindeutig der Lehrer und Goldmund der von ihm Geführte. Wie jeder gute Lehrer erkennt Narziß die Bestimmung des Schülers und schickt ihn in die Welt hinaus, auch wenn das die Unterbrechung der Beziehung für lange Zeit nach sich zieht.

Wahre Freundschaft bedeutet auch den Mut zur Trennung, wenn es für den anderen das Beste ist.

Gespannt folgen wir den Abenteuern von Goldmund in der äußeren Welt, doch viel spannender ist dabei die Reise, die seine Seele erfährt. Immer öfter stellen wir uns die Frage: »Wer steckt in mir selbst, Narziß oder Goldmund?« Die Antwort führt zur nächsten Frage: »Wer wäre ich lieber, Narziß oder Goldmund?«

Der reifere Leser weiß aufgrund seiner Lebenserfahrung, dass die Charaktere der beiden keineswegs so holzschnittartig sind. Sie sind vielmehr Projektionsfläche für die beiden Seelen, die in unserer eigenen Brust wohnen. Narziß ist ebenso wenig der vollkommene Geistesmensch wie Goldmund der reine Gefühlsmensch. Sonst gäbe es keine Spannung zwischen den beiden, sie bräuchten einander nicht und könnten nichts voneinander lernen. Jeder hat Anteile des anderen, die mit Fortgang der Geschichte immer deutlicher hervortreten. Narziß besitzt hohes Einfühlungsvermögen und seine Seele sehnt sich nach Liebe, wie er sich erst ganz am Schluss einzugestehen wagt. Goldmund ist mit klarem Verstand ausgestattet, der es ihm ermöglicht, seine Erfahrungen zu reflektieren, allerdings geht ihm das Leiden der Welt so zu Herzen, dass es zu zerbrechen droht.

Narziß und Goldmund sind zwei Suchende. Der eine trachtet danach, den Sinn in Gott und in sich selbst zu finden, der andere in der Liebe und in der äußeren Welt. Auch wenn beide männliche Hauptfiguren sind, können Männer in ihnen ihre Weiblichkeit und Frauen ihre Männlichkeit erkennen. Narziß verweigert seinem Leben die weibliche Seite und leidet daher unter dem Mangel an Liebe und Zuwendung. Goldmund nimmt die Freuden, aber auch das Leiden der gesamten Welt in sich auf. Weil er sich von seinen Gefühlen nicht abgrenzen kann, verliert er sich in

Weltschmerz und Ruhelosigkeit. Wie wir aus der Korrespondenz zwischen C. G. Jung und Hermann Hesse wissen, war Hesse vertraut mit dessen Lehre von den Archetypen Animus und Anima, dem männlichen und dem weiblichen Teil der Seele. Man kann aus »Narziß und Goldmund« daher auch die Lebensaufgabe, das Weibliche und das Männliche in uns zu versöhnen, herauslesen. Darauf deuten die Sätze Goldmunds kurz vor seinem Tod hin: »Ohne Mutter kann man nicht lieben. Ohne Mutter kann man nicht sterben.«

Was wir für unsere Freundschaften lernen können:

Hilf deinem Freund, seine Bestimmung im Leben zu finden. Gerade wenn dein Freund von seinen Eltern oder seiner Partnerin in eine bestimmte Rolle gepresst wird, ist es die Pflicht des Freundes, ihm durch Gespräche zu helfen, auf seine innere Stimme zu hören und ihn dabei zu bestärken, dieser zu folgen. Das kann wie bei Narziß die Großherzigkeit verlangen, den Freund dadurch für längere Zeit aus den Augen zu verlieren. Denke daran, wie viel Leid in einer Seele entsteht, wenn sie einem falschen Vorbild nacheifert, ihre eigene Natur verleugnet. Freunde, die keine Angst davor haben, den anderen zu verlieren, können einander bei der Verwirklichung ihrer Lebensträume helfen. Man muss nicht immer über die großen Fragen mit Freunden diskutieren, aber im richtigen Augenblick kann Nähe gerade dadurch entstehen, dass wir es wagen, mit unseren Freunden unsere Lebensträume zu teilen.

Freundschaft braucht Sinnlichkeit und den Mut, Gefühle auszusprechen. Fasse den Mut, die tiefen Gefühle, die du für deine besten Freunde hast, auszusprechen, rechtzeitig, bevor es zu spät ist.

Es ist ein großes Privileg, mit einem vertrauten Menschen über die intimsten Dinge ohne Hemmschwelle reden zu können, ohne Abweisung oder Erschrecken fürchten zu müssen, sich einfach fallen lassen zu können. Freunde können stundenlang schweigen, ohne dass der eine fragen muss: »Ist etwas?« Scheue gegenüber einem Freund das Wort »Liebe« nicht, wenn du es so wie Narziß und Goldmund empfindest. Das ist nie peinlich, es gilt nur, deinen Stolz und deine Angst zu überwinden.

Freue dich über die besonderen Gaben, die dein Freund hat, statt ihn darum zu beneiden. Du kannst davon ausgehen, dass du Eigenschaften und Fähigkeiten besitzt, die er an dir bewundert. Oder mit den Worten von Narziß: »Es ist nicht unsere Aufgabe, einander näherzukommen, so wenig wie Sonne und Mond zueinander kommen oder Meer und Land. Wir zwei, lieber Freund, sind Sonne und Mond, sind Meer und Land. Unser Ziel ist nicht, ineinander überzugehen, sondern einander zu erkennen und einer im andern das sehen und ehren zu lernen, was er ist: des andern Gegenstück und Ergänzung.«

Thelma und Louise

»Thelma & Louise«, ein Roadmovie aus dem Jahr 1991, erzählt die Geschichte einer Freundschaft zwischen zwei unterschiedlichen Frauen. Die angepasste Hausfrau Thelma Dickinson beschließt gegen den Willen ihres dominanten Ehemanns, einen Ausflug gemeinsam mit ihrer selbstbewussten Freundin Louise Sawyer zu machen, die wiederum unter der Unverbindlichkeit ihres Freundes leidet. Ausgelassen brausen die beiden in Louises Ford-Thunderbird-Cabrio durch die Landschaft mit dem Ziel, das Wochenende in einer Hütte in der Wildnis zu verbringen. Unterwegs stoppen sie in einer heruntergekommenen Bar. Thelma nimmt einige Drinks und tanzt dann ausgelassen mit einem aufdringlichen Mann. Der vulgäre Typ sieht in ihr eine leichte Beute und versucht, sie spät in der Nacht auf dem Parkplatz zu vergewaltigen. Louise will ihn mit vorgehaltenem Revolver davon abhalten. Als er sie wüst beschimpft, erschießt sie ihn im Affekt. Thelma könnte an dieser Stelle noch aussteigen und hoffen, dass die Polizei ihr glaubt. Doch sie entscheidet sich, nicht mehr in ihr altes Leben zurückzukehren und mit Louise zu flüchten.

Gemeinsam brechen die Frauen in das Abenteuer auf. Ihre Freundschaft wird bald vor eine schwere Belastungsprobe gestellt. Der attraktive junge J. D. spricht Thelma an und ersucht sie, bis Oklahoma mitfahren zu dürfen. Nach anfänglichem Widerstand will Louise ihrer Freundin den Spaß nicht verderben und sie nimmt den Mann mit. Tatsächlich verbringt die emotional ausgehungerte Thelma mit ihm eine heiße Liebesnacht. Das böse Erwachen kommt, als die Frauen bemerken, dass J. D. mit dem gesamten Geld, das Louise von ihrem Freund erhalten hat, abgehauen ist. Louise ist verzweifelt über die aussichtslose Situation, in die sie ihre naive Freundin mit dem Hang zu falschen Männern gebracht hat. Thelma entwickelt dagegen auf einmal Entschlossenheit, reißt die Führung an sich und beweist Kaltblütigkeit und kriminelle Fähigkeiten. Gemeinsam rauben die Frauen eine Bank aus, sperren einen Polizisten in den Kofferraum seines Streifenwagens und jagen den Lkw eines übergriffigen Truckers in die Luft.

Die Polizei leitet eine Großfahndung ein und hetzt die beiden Frauen in eine aussichtslose Lage. Als sie vor dem Grand Canyon stehen, ist ihnen jede Fluchtmöglichkeit durch eine Armada von Polizeifahrzeugen abgeschnitten und über ihnen taucht ein Hubschrauber auf. Thelma zeigt keine Angst und sagt zu Louise: »Die sollen uns nicht erwischen ... Los, fahr weiter!« Louise gibt Gas und der Thunderbird schießt über die Abbruchkante in die Tiefe des Grand Canyons. Hand in Hand stürzen die beiden Frauen in den Tod.

Hollywood hatte bis zu »Thelma & Louise« das Thema Frauenfreundschaft eher vernachlässigt. Da es wenig bekannte Frauenfreundschaften in der Literatur gab, kreierten Regisseur Ridley Scott und Drehbuchautorin Callie Khouri eine und schufen einen der bis heute meistdiskutierten Frauenfilme. »Thelma & Louise« wird von vielen als eine kurze Geschichte über Emanzipation und Befreiung interpretiert.

Wie viel von Thelma und Louise steckt in uns selbst?

Wie in vielen Roadmovies ist die äußere Reise nur der Rahmen für die innere Reise der Heldinnen. Archetypisch ist Thelma das unschuldige Kind und damit das potenzielle Opfer. Als ihrer bis dahin starken Freundin Louise die Kraft ausgeht und sie zu resignieren droht, entdeckt Thelma die Kriegerin in sich. Sie verwandelt sich von der braven, unterdrückten Ehefrau zur unbändigen Wildkatze, die immer mehr Lust an ihrer neuen Rolle findet. Am Ende fühlt sie sich frei und selbstbewusst und scheut nicht einmal den Tod.

Bei Louise geht es um Erlösung. Sie muss sich von der traumatischen Vergangenheit befreien, die unausgesprochen darin besteht, dass sie zweimal Opfer wurde: einmal das Opfer eines Vergewaltigers und einmal Opfer der Justiz, weil der Täter nie verurteilt wurde. Louise erkennt in Thelma ihr eigenes jüngeres

Ich und entschließt sich diesmal zum Widerstand. Sie sieht in der versuchten Vergewaltigung einen Gewaltakt, der für alles steht, was Frauen schon immer angetan wurde. Die Frau ist das Opfer und wenn sie aufreizend ist, darf sie sich nicht wundern, wenn sie vergewaltigt wird. Louise will das nicht mehr zulassen. Indem sie den Täter erschießt, rettet sie nicht nur Thelma, sondern setzt ein Zeichen für sich und alle Frauen auf der Welt: »Das lassen wir uns nicht mehr gefallen. Wir dürfen uns wehren und wir müssen uns wehren.« Dafür opfert sie auch ihre Sehnsüchte nach Liebe mit ihrem Freund und geht versöhnt mit sich selbst in den Tod.

Aus der Flucht der beiden Frauen wird im Laufe des Films immer mehr ein Akt der Befreiung. Am Ende fließen die Geschichten der beiden Frauen zusammen. Es ist nicht irgendein Abgrund, sondern der Grand Canyon. Sie stürzen frei und Hand in Hand vereint in den Tod. Das legt nahe, in Thelma und Louise eine Person zu sehen. So wie bei Narziß und Goldmund verkörpern Thelma und Louise zwei Seiten, die in uns allen stecken. Thelma zeigt ursprünglich den weiblichen und Louise den männlichen Teil, beide transformieren sich im Laufe der Geschichte und am Ende führt Thelma und Louise lässt sich führen. Die Botschaft wäre dann wie bei »Narziß und Goldmund«, das Weibliche und das Männliche in uns zu versöhnen.

Was wir für unsere Freundschaften lernen können:

Freundinnen dürfen ihre männliche Seite ausleben: Freundinnen können einander helfen, sich von der ihnen vorgegebenen vertrauten Rolle zu befreien, sobald diese für sie unbefriedigend geworden ist. Thelma und Louise helfen einander, ihre eigenen Stärken zu entdecken. Das Roadmovie ist eine traditionell männlich besetzte Filmgattung. Mit Thelma und Louise bewähren sich auf einmal zwei Frauen als Desperados, ohne dabei ihre Weiblichkeit zu verlieren. Dieser Effekt wird verstärkt durch die gelungene Besetzung mit den attraktiven Schauspielerinnen Geena Davis und Susan Sarandon. Ridley Scott war mutig genug, auf das klassische Hollywood-Ende »Mann rettet unschuldige Frauen in letzter Sekunde« zu verzichten. Es ist nicht die Angst vor dem Gefängnis, sondern Thelma und Louise sind bereit, dafür zu sterben, wofür sie gekämpft haben. Sie bereuen nicht, sie lassen sich nicht einsperren, sie lassen sich ihre Freiheit nicht mehr nehmen – schon gar nicht von männlichen Sheriffs.

Wie weit würden wir gehen, um unsere beste Freundin zu schützen? Wenn sich die Freundin nicht wehren kann, dann müssen wir uns für sie wehren: Der Film verkörpert den ultimativen Akt der Befreiung und den Mut, sich zu wehren, den Frauen in ihren Beziehungen oft nicht wagen. In einer starken Freundschaft wehrt sich dann ein Teil für den anderen. Das könnte auch bedeuten, dass eine Freundin psychisch stärker ist und die andere dafür körperlich. Freundschaft kann verlangen, die Freundin dazu zu zwingen, das zu tun, was sie kann. Wenn es um Drogenabhängigkeit, Gewalt in der Beziehung oder die Bewältigung von Traumata geht, wird es manchmal zwingend sein, den schmalen Grat zwischen gutem Ratschlag und der Einmischung in das Leben der Freundin zu überschreiten.

Freundschaften zwischen Frauen können wichtiger sein als ihre Beziehungen zu Männern: Hohe Ansprüche an ihr Leben haben Thelma und Louise schon lange aufgegeben. Die eine ist eine unbefriedigte, unterdrückte Hausfrau, die andere Kellnerin. »Mein Mann«, so Thelma, »war nie nett zu mir. Sehen Sie, was aus mir

175

geworden ist!« Der erste Schritt des Ausbruchs aus ihrer Komfortzone, der Entschluss, eine Reise zu wagen, wird zur Heldenreise. Beide Frauen entdecken ähnliche Vorstellungen vom Leben, kämpfen gemeinsam für ihre Freiheit und bewähren sich in Krisen. Dadurch erfahren sie Anerkennung und Loyalität, die sie bisher in ihren Beziehungen zu Männern nie erreichen konnten. Wohl nicht zufällig kommen Männer in dem Film vor allem als Schwächlinge, Wüstlinge oder Verräter vor. Die einzige positive Männerfigur ist der von Harvey Keitel gespielte Polizist Hal Slocumb, der weiß, dass beide Frauen unschuldig sind, und versucht, sie zu retten.

Der Film löste jedenfalls eine starke Vorbildwirkung bei Frauen aus. Noch Jahre später gingen Postkarten um die ganze Welt, auf denen Freundinnen von ihrer gemeinsamen Urlaubsreise mit »Thelma und Louise« unterschrieben.

---

1 Wie stark Karl May unser Bild über die Indianer fern der Realität geprägt hat, zeigt sich zum Beispiel daran, dass die Blutsbruderschaft bei nordamerikanischen Indianerstämmen völlig unbekannt war. Diese Tatsache wurde in der »Terra X«-Dokumentation »Karl May« von 2010 und auf den Webseiten des Wissenschaftsmagazins »Geo« festgestellt.

2 »Narziß und Goldmund« ist eine Erzählung von Hermann Hesse. Sie entstand zwischen April 1927 und März 1929 und erschien 1930 im S. Fischer Verlag.

3 Der Mythenforscher Joseph Campbell untersuchte in seinem Buch »Der Heros in tausend Gestalten« die Heldengeschichten in vielen Kulturen und fand heraus, dass diese alle nach einem einfachen Muster gestrickt sind. Das, was Menschen von Helden lernen sollen, ist offensichtlich unabhängig von der Kultur und der Zeit. Die Stationen, die ein Held im Laufe seiner Geschichte zu bestehen hat, stehen für jene Phasen, die wir alle in unserem Leben zu bewältigen haben.

Der langsame und der schnelle Tod von Freundschaften

Treuebruch und Verrat –
Todsünden, die nicht vergeben werden

Klischee 1: Beste Freundin

Gerda fiel aus allen Wolken, als ihr ihr Mann Johannes eröffnete, dass er sich scheiden lassen wolle. Das Paar war seit Jugendtagen zusammen, hatte vier gemeinsame Kinder, um die Gerda sich kümmerte, während er erst mühsam, dann immer schneller den beruflichen Aufstieg in einer Großbank schaffte. Noch am selben Abend packte Johannes einige wenige Sachen zusammen und zog aus der Wohnung aus, die seit über 20 Jahren die gemeinsame war. Gerda rief ihre beste Freundin Mikki an, die selbst alleinerziehende Mutter von drei Kindern war. Stundenlang schüttete sie Mikki ihr Herz aus. Fast jeden Tag trafen einander die beiden Freundinnen. Mikki entwickelte große Geduld, hörte sich die Anklagen von Gerda an, teilte die Wut, versuchte, sie aufzurichten. Vor allem, dass ihr Mann Gerda in dem kurzen Gespräch vor seinem Auszug auf ihre drängende Frage nach dem Warum gebeichtet hatte, dass er sich schon seit Jahren eingesperrt gefühlt hatte, traf sie. Jetzt, da zumindest zwei Kinder aus der Schule waren, wäre für ihn endlich der Zeitpunkt gekommen, aus einem Leben, das schon lange nicht mehr das seine war, auszubrechen. Es gebe keine andere Frau, er wolle einfach neu anfangen, allein, ohne Gerda. Der Traum von Gerda nach ruhigeren gemeinsamen Jahren in finanzieller Sicherheit und Harmonie zerplatzte. All die letzten Jahre waren offenbar eine einzige Lüge gewesen.

Drei Wochen später erfuhr Gerda von einer gemeinsamen Freundin, dass ihr Mann bei Mikki eingezogen war. Die Nachricht riss ihr den Boden unter den Füßen weg und ließ sie unendlich tief fallen. Vom Ehemann verlassen zu werden, ist immer schlimm, wenn dieser sich jedoch der besten Freundin zuwendet, dann erschüttert uns das in den Grundfesten. Das gibt es doch nur im Film oder in den Klatschgeschichten über Society-Sternchen und Fußballer? Leider ist das Leben manchmal wie ein schlechter Film. Das Klischee von der besten Freundin, die der anderen den Mann ausspannt oder mit ihm eine Affäre eingeht, ist eine Schablone, die deshalb so gut funktioniert, weil sie häufiger passiert, als man denkt. Die beste Freundin mit deren Mann zu betrügen ist zunächst praktisch, weil er so nahe ist und man daher alle Mangelerscheinungen genau kennt, unter denen er leidet. Für den Mann lässt sich die nach vielen Ehejahren verlorene Romantik mit der besten Freundin scheinbar bequemer erreichen als zu versuchen, sie mit der eigenen Frau wiederzubeleben.

Klischee 2: Bester Freund

Verrat passiert auch Männern, selbst jenen, die ihre Hand dafür ins Feuer legen würden, dass ihre Partnerin für ihre besten Freunde tabu ist. Doch so wie Ampeln bei Rot überfahren werden, zeigt die Erfahrung, dass gerade Tabus zwischen besten Freunden und Freundinnen dazu reizen, gebrochen zu werden.

Torsten unterstützt seinen engen Freund Oliver, der gerade eine schwere Krise durchmacht. Er lädt ihn sogar zu einem gemeinsamen Wochenende ein, das er ursprünglich mit seiner Partnerin Stephanie geplant hat. Er möchte Oliver Geborgenheit und Trost bieten. Beide Männer haben ein vertrauensvolles Verhältnis und Torsten erzählt Oliver von den Problemen mit seiner Partnerin, bis in die sexuellen Details. Kurz darauf wird Torsten von Stephanie verlassen und sie zieht zu Oliver. Dieser weiß genau, wie er die Frau für sich gewinnen kann, weil er die Schwächen von Torsten und Stephanies unerfüllte Bedürfnisse kennt. Das empfindet Torsten als doppelten Verrat: erst der Vertrauensbruch, dann der Raub der Partnerin.

Beides zerreißt Torsten das Herz. Er stürzt in eine tiefe Depression. Zwei Monate nachdem Stephanie ihn verlassen hat, bittet sie Torsten dringend um ein Gespräch. Er trifft sich mit ihr, fühlt sich sofort wieder von ihr angezogen. Sie eröffnet ihm, dass sie von Oliver schwanger sei, sich die Beziehung aber als eine Katastrophe entpuppt habe und sie sich mit diesem Mann keine gemeinsame Zukunft vorstellen könne. Daher müsse sie Torsten einfach fragen, ob er sich trotz dieser Situation vorstellen könnte, mit ihr neu anzufangen. Torsten will Stephanie unbedingt zurück. In seiner Verzweiflung wäre er sogar bereit, das Kind des anderen zu akzeptieren. Im Kind sehe er keine Hürde, er würde es wie sein eigenes akzeptieren, sagt er ihr. Sie zeigt sich erfreut, hält sich die Entscheidung zwischen den beiden Männern aber bis kurz nach der Entbindung offen.

Bei Stephanie brechen immer wieder Zweifel aus, ob Torsten sie letztlich wegen der Verletzungen nicht doch verlassen wird, und sie fordert von ihm immer dringender Verbindlichkeit ein. Damit überschreitet sie irgendwann die Grenzen der Zumutbarkeit bei Torsten, er fühlt sich überfordert und kämpft mit Ablehnung und Wut in sich. Der Kindesvater Oliver nutzt diese Phase

der Unsicherheit aus und macht Stephanie einen Heiratsantrag.
Die beiden bleiben tatsächlich lange zusammen und haben sogar
noch ein zweites Kind miteinander. Nach zehn Jahren kommt es
dann doch zur Scheidung.

Lieber echte Feinde als falsche Freunde

Das Leben kennt unzählige Möglichkeiten, uns das Herz zu brechen. Je näher wir einem Mensch stehen, desto härter trifft uns
sein Verrat. Wenn der Konkurrent um eine berufliche Position
gegen uns intrigiert, dann ist das zwar unangenehm, aber nicht
unerwartet. Hören wir dagegen, dass ein Freund hinter unserem
Rücken schlecht über uns redet, so tut uns das in der Seele weh,
selbst wenn es keinen unmittelbaren Schaden für uns bedeutet.

Undank ist der Welten Lohn. Der Freund, für den wir alles
getan haben, dem wir in jeder Katastrophe seines Lebens bei-
gestanden sind, entfernt sich emotional immer mehr von uns,
ignoriert unsere Versuche einer ehrlichen Aussprache, negiert die
Verschlechterung der Beziehung und tut so, als ob nichts wäre. Es
wird kalt und immer kälter. Das schmerzt, weil wir uns so gerne
an die gemeinsamen Stunden der Freude, die bestandenen Abenteuer und die magischen Augenblicke in der Vergangenheit erinnern. Wir versuchen, Rechtfertigungen für das Verhalten des
Freundes zu finden, erhöhen sogar unsere Anstrengungen, um
diesen wiederzugewinnen.

Irgendwann kommt dann der Punkt, wo der Vorhang fällt
und wir gezwungen sind, das zu sehen, wovor wir so lange unsere
Augen verschlossen haben. Oft ist es ein echter Freund, der uns
vorsichtig andeutet, was der andere hinter unserem Rücken gegen

uns betreibt, manchmal ist es bloßer Zufall, der wie ein Windstoß die verdeckten Karten des falschen Freundes aufdeckt. Mit unerbittlicher Zwangsläufigkeit beginnt dann ein Mechanismus in uns abzulaufen. Erst kommt die Verleugnung, der Protest, die Wut, wir wollen es nicht wahrhaben. Das kann doch nicht sein, dass wir uns so in einem Menschen getäuscht haben. Warum? Immer wieder quälen wir uns mit dieser Frage – so als hätten wir eine wunde Stelle im Zahnfleisch, über die wir trotzdem ständig mit der Zunge fahren, statt sie verheilen zu lassen. Dann tauchen wir in die Depression ein, weil wir die Tatsachen erkennen müssen. Schließlich haben wir die Chance zum Neuanfang. Die kann im Akzeptieren des Verlustes und damit der Beendigung der Freundschaft liegen. Dabei ist die hohe Hürde der Vergebung zu meistern, das muss nicht die Vergebung gegenüber dem Treuebrecher sein, jedenfalls aber die Selbstversöhnung. Diese Vergebung ist so notwendig, nicht weil wir Heilige werden wollen, sondern damit es uns selbst besser geht, damit wir nicht aus einer Enttäuschung heraus unseren anderen Freunden gegenüber die Fähigkeit verlieren, Vertrauen zu schenken und tiefe Beziehungen einzugehen.

Keine Freunde zu haben ist schlimm. Die tiefste, am schwersten verheilende Wunde ist aber, wenn ein Freund unser Vertrauen missbraucht. Glücklich ist, wer noch nie von einem engen Freund verraten wurde. Loyalität stellt jenen Wert dar, den fast alle Menschen nennen, wenn man sie nach den Erwartungen an ihre besten Freunde fragt. Ein Treuebruch eines Freundes wiegt schwer, man vergibt ihn selten und vergisst ihn nie. Schützen kann man sich kaum dagegen. Es gibt auch die andere Seite der Medaille. Wir werden selbst des Verrats von einem Freund bezichtigt, was bei uns Verwunderung auslöst. Es ist uns völlig unverständlich, wie dieser die Freundschaft infrage stellen kann. Aber wahrscheinlich haben wir ihn wohl von Anfang an falsch eingeschätzt und entwickeln nun unsererseits negative Gefühle. Vertrauensbruch durch Freunde kann die Seele schwer verletzen. Das Gelöbnis, nie wieder mit diesem Menschen auch nur ein Wort zu reden, wird dann konsequent umgesetzt. Die Lebensaufgabe besteht darin, das Misstrauen durch den einmaligen Verrat nicht auf die anderen Freunde zu übertragen, sondern weiterhin Vertrauen zu schenken. Doch wie sollen wir uns verhalten, wenn eine Freundin von uns verlangt, mit einem Freund zu brechen, der sie, aber nicht uns verletzt hat?

Wo beginnt und wo endet Loyalität?

Gisela ist seit fast 20 Jahren mit einem sehr reichen Mann verheiratet, sie erfüllt mit drei Kindern die klassische Rolle von Hausfrau und Mutter. Nach außen gelten sie als Vorzeigeehepaar. Als ihr Mann sie knapp darüber informiert, dass er sich scheiden lassen will, ist sie wie vor den Kopf gestoßen. Schließlich willigt sie gegen eine großzügige Abfertigung in die Scheidung ein, die Verletzung sitzt jedoch tief. Gisela verlangt von allen ihren Freundinnen, ebenfalls mit ihrem Ex-Mann zu brechen und jeden Kontakt mit ihm abzulehnen. Dora, eine ihrer engsten Freundinnen, weigert sich und trifft sich weiterhin mit dem Ex-Mann, der sie immer gut behandelt hat und den sie nach wie vor schätzt. Das löst einen heftigen Konflikt zwischen den beiden Freundinnen aus, da keine von ihrem Standpunkt abrückt. Gisela fordert Loyalität ein, Dora will sich nicht vorschreiben lassen, mit wem sie redet. Wer hat recht? Muss man in jedem Konflikt zwischen ehemaligen Freunden als Unbeteiligter Stellung beziehen?

Die Ärztin und Psychotherapeutin Caroline Kunz erklärt:
»Jede Trennung destabilisiert, daher gibt uns die Loyalität von
Freunden scheinbar Halt. Wir fühlen uns im Recht und suchen
Bestätigung dafür. Freunde sollten sich aber genauso wie Psycho-
therapeuten nie in die Richterrolle drängen lassen. Loyalität heißt
zur Seite stehen, verstehen, zuhören, unterstützen, nach Lösun-
gen suchen. Wir sind aber nicht vor Gericht, wo es um Recht oder
Unrecht geht. Wenn beide Teile des Paares vor der Trennung
Freunde waren, muss man nicht die Freundschaft zu einem auf-
kündigen. Käme Gisela zu mir, würde ich sie fragen, warum ihr
das so wichtig ist, dass ihre Freundinnen jeden Kontakt zu ihrem
Ex-Mann abbrechen. Was stößt das in ihr an? Dabei würden wir
sicher auf tiefer liegende Motive stoßen. Die Krisen in Freundschaften sind Anstöße für notwendige menschliche Weiterent-
wicklungen. Wenn wir lernen, aus diesen Konflikten Botschaften
an uns selbst zu entschlüsseln, dann können wir uns weiterent-
wickeln.«

Treuebruch in der Gruppe potenziert das Leiden — nicht nur im Roman

Als der Student Tsukuru wie immer während der Ferienzeit in
seine Heimatstadt Nagoya zurückkehrte, wurde ihm klar, dass etwas nicht stimmte. Sosehr er sich auch bemühte, gelang es ihm
nicht, seine Freunde Aka, Ao, Shiro und Kuro zu erreichen. In
seiner Abwesenheit musste irgendetwas vorgefallen sein. Er konnte
sich noch daran erinnern, wie ihn die vier das letzte Mal zum
Bahnhof gebracht und liebevoll verabschiedet hatten. Briefe und

E-Mails von Tsukuru blieben unbeantwortet, am Telefon ließen sich seine Freunde von ihren Eltern offenbar verleugnen, wenn er anrief. Der junge Mann verlor seine Orientierung, steckte fest, kam sich vor, als ob er versuchte, einen Schraubenkopf ohne Schlitz zu drehen. Eines Abends erhielt er einen Anruf von Ao, einem seiner Freunde. Ohne Einleitungsfloskel sagt Ao: »Es tut mir leid, aber ich muss dich bitten, nicht mehr anzurufen. Keinen von uns.« Tsukurus Versuche, irgendeinen Grund für den eiskalten Abbruch der Freundschaft zu erfahren, schmettert Ao mit dem Hinweis »Frag dich doch mal selbst« ab. Dann endet das Gespräch. Tsukuru verlor in diesem Augenblick das Wertvollste, das er je besaß, die zwei Jungen und zwei Mädchen, die seit seiner Schulzeit seine besten Freunde waren. Von ihnen gebraucht zu werden und sie zu brauchen, hatte ihm bis dahin die schönsten Augenblicke beschert. Die Geschichte seines Lebens ist von da an geprägt von der Frage, warum ihn seine vier besten Freunde scheinbar ohne Grund verstoßen haben.

Aus den Elementen Verlust, Verrat, Schuld und schlechtem Gewissen schmiedet der japanische Autor Haruki Murakami ein beeindruckendes Buch über die Komplexität von Freundschaftsbeziehungen. Auch die Folgen unterdrückter Sexualität in Freundschaften spielen dabei eine Rolle. Der Roman »Die Pilgerjahre des farblosen Herrn Tazaki« verkaufte sich in der ersten Woche nach seinem Erscheinen in Japan über eine Million Mal. Offensichtlich traf das Buch den Nerv vor allem einer jungen Generation, die sich zunehmend weigert, Seelenschmerzen einfach zu ertragen und nach außen die Fassade zu wahren. Für den europäischen Leser liegt der Reiz darin, dass das Buch einerseits in einer fremden Kultur spielt, andererseits zeigt, wie sehr sich das Innenleben von Menschen überall auf der Welt gleicht. Immer wieder träumt die Hauptfigur Tsukuru, nachts über Bord eines Schiffes gestoßen zu werden und sich in einem eisigen Ozean treibend wiederzufinden. Unschwer erkennt man darin die Urangst des einzelnen Menschen, aus der Gemeinschaft ausgeschlossen zu werden. Wir können diese Angst aber im Laufe des Lebens überwinden lernen, indem wir uns nicht nur über die Gruppe definieren.

Den Grund, warum die vier Freunde Tsukuru aus der Gruppe verstoßen und ein Leben lang gemieden haben, erfährt er erst, als er Kuro, eine der vier ehemaligen Freunde, in Finnland aufspürt. Sie gesteht ihm die traurige Wahrheit: Shiro, die Schönste und zugleich Verletzlichste von allen, wurde offenbar vergewaltigt und bezichtigte Tsukuru dieser Tat. Obwohl Kuro, die damals sogar heimlich in Tsukuru verliebt war, nie geglaubt hatte, dass er es war, der Shiro vergewaltigte, ergriff sie als Erste bedingungslos Partei für Shiro. Darin sah sie die einzige Chance, Shiro, die unter ernsten psychischen Problemen litt, zu retten: »Deshalb war es unvermeidlich, dich loszuwerden. Es war unmöglich, euch beide zu schützen. Ich wusste keinen Rat, als mich hundertprozentig auf ihre Seite zu stellen, was aber bedeutete, dich hundertprozentig zu ächten … Irgendjemand musste sich ihrer ganz und gar annehmen, und dieser Jemand konnte nur ich sein.« Auf Tsukurus Frage, warum sie ihm das damals nicht erklärt habe, antwortet ihm Kuro, dass sie eben keine Möglichkeit gesehen habe, den Vorfall offen zu besprechen, ohne Shiro zu zerstören. Er sei der Stärkste von allen gewesen, daher musste er geopfert werden.

Am Ende gibt uns Murakami Hoffnung, indem er seine Hauptfigur Tsukuru sagen lässt: »Die Gefahr liegt hinter mir. Ich habe die Fähigkeit, nachts allein auf dem Meer zu treiben, ohne unterzugehen.«

Warum hat Brutus seinen Freund Cäsar verraten?

In der klassischen Literatur gibt es reichlich Stoff für den Verrat unter besten Freunden, hier drei berühmte Beispiele:

- Cäsar und Brutus
- Judah Ben-Hur und Messala
- Edmond Dantès in »Der Graf von Monte Cristo«

Die spannende Frage in diesen Tragödien ist jene nach dem Warum. Warum hat Brutus seinen Freund Cäsar ermordet? Warum hat Messala seinen Jugendfreund Judah Ben-Hur wider besseres Wissen auf die Galeeren geschickt? Warum wird der junge Seemann Edmond Dantès das Opfer einer Verschwörung, an der seine falschen Freunde, der Zahlmeister Danglars und der Fischer Fernand Mondego beteiligt sind, und warum verrät ihn sogar seine Verlobte Mercédès?

Beginnen wir mit der einfachsten Erklärung für Verrat unter Freunden: Menschen sind opportunistisch und daher widerstehen einige nicht der Versuchung, sich einen klaren Vorteil zu verschaffen, selbst wenn dieser auf Kosten eines Freundes geht.

Kristina ist Geschäftsführerin einer bedeutenden Non-Profit-Organisation. Eine Freundin empfiehlt ihr Yvonne, die über Führungserfahrung in großen Unternehmen verfügt und einen Job sucht, der mit ihrer Situation als alleinerziehende Mutter vereinbar ist. Kristina ist beeindruckt von der Intelligenz und Professionalität von Yvonne und stellt sie ein. Yvonne erfüllt ihre beruflichen Aufgaben hervorragend, daher gibt ihr Kristina immer mehr Verantwortung und bestellt sie nach zwei Jahren sogar zu ihrer Stellvertreterin. Auch privat entsteht eine Freundschaft, man verbringt gemeinsame Zeit in der knappen Freizeit.

Irgendwann beschweren sich allerdings immer mehr Mitarbeiter über das harsche Vorgehen von Yvonne, worunter das berufliche Verhältnis zu Kristina zu leiden beginnt, die großen Wert auf ein gutes Klima legt. Offenbar um ihre Position zu festigen, erzählt Yvonne Kristina eines Tages von einem attraktiven Angebot, das sie von einem Kunden der Organisation erhalten habe. Kristina informiert ihren Aufsichtsratsvorsitzenden darüber vertraulich, weil derartige Abwerbeversuche von Kunden an sich unüblich sind. Yvonne versteht das als Angriff und beginnt massiv gegen ihre Vorgesetzte Kristina zu intrigieren. In vielen Einzelgesprächen inner- und außerhalb des Büros versucht sie, Verbündete zu gewinnen, um Stimmung beim Aufsichtsratsvorsitzenden gegen Kristina zu machen.

An einem Samstag entdeckt Kristina in ihren gesendeten E-Mails eine Nachricht, die von ihrem Account verschickt wurde, aber nicht von ihr stammt. Daraufhin informiert sie die IT-Abteilung, die feststellt, dass sich jemand seit einem halben Jahr von einer fremden SIM-Karte sechs Stunden pro Tag bei ihr einloggt. Man kommt aufgrund bestimmter Indizien schnell auf Yvonne als Verdächtige und es gelingt schließlich, sie zu überführen. Im Kündigungsgespräch spricht man sie auf das Mobiltelefon an, von dem aus sie sich nachweisbar eingeloggt hat. Yvonne leugnet hartnäckig bis zu dem Augenblick, als man das Mobiltelefon aus ihrer Schreibtischlade holt. Ohne jedes Schuldeingeständnis stimmt Yvonne der einvernehmlichen Kündigung zu und wird von der Security aus dem Gebäude geleitet.

Der Kriminalpsychologe Thomas Müller über mögliche Gründe, warum einander Freunde betrügen und verraten: »Einer der größten Antriebe des Menschen ist, sein eigenes Selbstwertgefühl zu erhöhen. Das betrifft die Auswahl des Partners, des Autos, der Wohnung bis hin zur Gestaltung der Freizeit. Alles dient dazu, unsere Wertigkeit zu erhöhen. Das betrifft auch unsere Freunde. Wenn wir daher glauben, dass es in einer bestimmten Situation für die Erhöhung unseres Egos besser ist, die Freundschaft zu riskieren, dann werden wir das tun. Einfach gesagt, wir nehmen uns einfach oft zu wichtig.«

Folgt man Thomas Müller, so verbirgt sich hinter den offensichtlichen Motiven wie Eifersucht, Geiz und Neid stets auch die Frage: »Wie wichtig bin ich?« Erst wenn wir fähig sind, unsere eigene Bedeutung zurückzunehmen, können wir uns ehrlich über das Glück und die Erfolge unserer Freunde freuen. Das geht auch in die andere Richtung. Menschen, die ihre eigene Bedeutung immer den Bedürfnissen ihrer Freunde unterordnen, werden ebenfalls Probleme bekommen.

Es lohnt jedenfalls, sich intensiver mit jenen zersetzenden Giften zu beschäftigen, die unsere Freundschaften bedrohen. Je früher wir die kleinsten Partikel von Zorn, Stolz, Täuschung, Neid, Geiz, Angst, Unersättlichkeit, Lust und Trägheit in uns selbst kennen, desto eher können wir verhindern, dass sie Macht über uns gewinnen.

Neid, Geiz und die anderen zersetzenden Gifte der Freundschaft

»Als Satan eines Tages durch die Libysche Wüste zog, kam er an eine Stelle, wo ein paar Unterteufel just dabei waren, einen frommen Christen in Versuchung zu führen. Der gottselige Mann ließ sich von den schlimmen Einflüsterungen nicht im Geringsten beeindrucken. Satan sah dem vergeblichen Treiben eine Weile zu, dann trat er vor und erteilte den Unterteufeln eine Lektion: ›Euer Vorgehen ist zu plump ... Lasst mich einmal einen Moment.‹ Daraufhin raunte er dem frommen Mann zu: ›Euer Bruder ist gerade Bischof von Alexandria geworden.‹ Sogleich umwölkte eine böse Fratze des Neides die heitere Miene des Mannes. ›Das‹, sagte Satan zu den Unterteufeln, ›ist die Methode, nach der ihr vorgehen müsst.‹« Diese Anekdote stammt von Oscar Wilde.[1] Seiner Meinung nach ist es einfach, am Leid eines Freundes Anteil zu nehmen, es verlangt dagegen einen wirklich edlen Charakter, sich über den Erfolg eines Freundes ehrlich zu freuen.

Warum scheitern Freundschaften?

Die Versuchung, die Gründe für den Bruch von Freundschaften im Fehlverhalten des anderen oder in unglücklichen Umständen zu suchen, ist groß. Für unsere zukünftigen Beziehungen ist es jedoch ungleich wertvoller, den Blick in unser Inneres zu richten, um herauszufinden, von welchen Gefühlen wir selbst getrieben werden:

- Zorn
- Stolz
- Täuschung
- Neid
- Geiz (Habsucht)[2]
- Angst
- Unersättlichkeit
- Lust
- Trägheit

Diese neun Haupteigenschaften unseres Gefühlslebens stammen aus dem Enneagramm, einer alten Persönlichkeitstypologie, die aus dem Sufismus kommt. Die Bezeichnung Enneagramm bedeutet die grafische Darstellung der Zahl Neun in einem Diagramm, das die Wechselbeziehungen zwischen den einzelnen Typen darstellt.

Die Lehre des Enneagramms basiert auf der Erkenntnis, dass unser Bewusstsein ständig inneren und äußeren Widersprüchen ausgesetzt ist. Deshalb muss es unterschiedliche Strategien entwerfen, um sich gegen diesen Zustand der Unsicherheit und Zerrissenheit schützen zu können. Das Enneagramm ist wie eine Landkarte der menschlichen Natur, auf der die Abwehrstrategien von neun Persönlichkeitstypen dargestellt werden. Das Enneagramm wurde in dem Buch »Erkenne Dich selbst – und erschrick nicht«[3] kurz vorgestellt und hat ein positives Echo bei vielen Lesern ausgelöst, die dieses Persönlichkeitssystem noch nicht kannten. Von den neun Haupteigenschaften im Enneagramm stimmen sieben fast wortgleich mit den christlichen Todsünden überein. Das könnte als Hinweis dafür dienen, dass es sich dabei tatsächlich um altes Wissen über die Gefühlswelten des Menschen handelt.

Gemäß der Theorie des Enneagramms wurde unsere Haupteigenschaft in unserer Kindheit geprägt, um unseren Platz in der Familie zu finden und alle damit verbundenen Belastungen zu bewältigen. Die Aufgabe im Laufe unseres Lebens besteht darin, diese Konditionierungen unserer Kindheit zu überwinden und emotional und spirituell erwachsen zu werden. Bei gereiften Persönlichkeiten sind ihre ursprünglich limitierenden Muster daher nur mehr in Tendenzen vorhanden. Von einer Haupteigenschaft sprechen wir dann, wenn immer wieder ein und dasselbe Gefühl in schwierigen psychischen Situationen aus dem Schatten unseres Unbewussten tritt und Macht über unsere Wahrnehmung gewinnt. Wir blenden darum geradezu zwanghaft einen Teil der Realität aus und versuchen, uns an einer einzigen Grundüberzeugung festzuklammern. Die Fähigkeit, uns in die Gefühlswelt anderer zu versetzen und Situationen objektiv zu beurteilen, nimmt rapide ab. Die Kenntnis des Enneagramms soll uns dabei helfen, regelmäßig auftretende Gefühle, wie zum Beispiel Zorn, Stolz oder Unersättlichkeit, in den Beziehungen zu unseren Freunden rechtzeitig zu spüren, um diese reflektieren und bewältigen zu können.

Auf der Suche nach den verlorenen Freunden

Versuchen wir ein Gedankenexperiment. Denken wir an eine gescheiterte Freundschaft, die es wert ist, sie nochmals zu beleuchten. Welcher Typus der neun Haupteigenschaften könnte den Bruch verursacht haben?

Zorn: Dieser Typus kritisiert ständig sich selbst und urteilt schnell über andere, weil er davon überzeugt ist, dass es den einen richtigen Weg für alles gibt. Das gilt auch für sein Verständnis von Freundschaft. Er kann es nicht ertragen, wenn man ihm einen Fehler nachweist und reagiert dann moralisierend, selbstgerecht und unbeherrscht. Wird sein Standpunkt vom anderen immer wieder infrage gestellt, rutscht ihm in einer aufgeladenen Situation vielleicht ein Wort heraus, das für den anderen der letzte Tropfen ist, der das Fass mit den gesammelten negativen Gefühlen zum Überlaufen bringt. Selbst wenn beide Freunde versuchen, den Bruch später zu kitten, bleiben Narben zurück, die jederzeit wieder aufplatzen können.

Stolz: Dieser Typus definiert sich über das, was er für andere tut, und die Anerkennung, die er dafür bekommt. Er ist besonders freundlich, drängt seine Hilfe geradezu auf und mischt sich aus guter Absicht in das Leben seiner Freunde ein. Bei seinen Versuchen, sich unentbehrlich zu machen, überschreitet er manchmal Grenzen und reagiert mit bitterer Enttäuschung, wenn seine Angebote nicht entsprechend gewürdigt werden. Kommt es zum Bruch, fühlt er sich als Opfer, ist mit Groll erfüllt und verweigert den Schritt zur Versöhnung.

Täuschung: Dieser Typus definiert sich über Status und Erfolg. Er unterwirft sein ganzes Streben dem äußeren Bild, das sich andere von ihm machen. Hinter dieser Fassade verbirgt sich manchmal eine manipulative Persönlichkeit mit narzisstischen Tendenzen. Seine Freundschaften sind stark vom erwarteten Nutzen geprägt, was zu Enttäuschungen bei anderen führen kann, wenn sie diesen Erwartungen nicht mehr entsprechen können und die Unaufrichtigkeit und Oberflächlichkeit durchschauen. Er reagiert dann mit Empörung, wenn ihn andere als prinzipienlosen Opportunisten darstellen.

Neid: Dieser Typus hält sich für etwas ganz Besonderes und sehnt sich immer nach dem unerreichbaren Ideal. Er stellt unerfüllbare Ansprüche an seine Freunde, fühlt sich ihnen besonders verbunden, wenn sie abwesend sind, und leicht enttäuscht, wenn sie da sind. Das hohe Ideal in seinen Beziehungen bleibt ihm scheinbar stets verwehrt. Aus der Kluft zwischen seiner verklärten Idealwelt und der Realität menschlicher Beziehungen entwickelt sich der Neid, dass es die Freunde leichter haben und glücklicher sind, während er ständig leiden muss.

Geiz: Dieser Typus fühlt sich schnell von den Ansprüchen und Erwartungen seiner Freunde bedroht, daher schottet er sich emotional, so gut es geht, von seiner Umwelt ab. Sein Geiz ist primär nicht materiell zu verstehen, sondern in seiner Angst, etwas von sich preiszugeben. Gerade weil er durch seine Beobachtungsgabe so ein guter Menschenkenner ist, möchte er in seinen Freundschaften ausschließlich auf der intellektuellen Ebene bleiben. Das macht vertiefte Freundschaften aber schwierig. Wer emotional nichts gibt, wird auch wenig erhalten.

Angst: Dieser Typus ist von Zweifeln geplagt, rechnet ständig mit den schlimmsten aller Möglichkeiten. Jene Angst hindert ihn oft daran, aus seiner engen Komfortzone herauszutreten und zu handeln. Aus Angst, bestehende Freundschaften zu gefährden, ist dieser Typus besonders loyal und aufopferungsbereit. Durch seine Anhänglichkeit bis zur Selbstdemütigung bewirkt er manchmal genau das, wovor er sich am meisten fürchtet, den Verlust eines Freundes.

Unersättlichkeit: Dieser Typus ist ständig auf der Suche nach aufregenden Erfahrungen und interessanten Menschen. Aufgrund seiner Begeisterungsfähigkeit geht er ständig neue Freundschaften ein, weigert sich aber, diese zu vertiefen und scheut ernsthafte Verpflichtungen. Freundschaften dienen der puren Freude, daher möchte er sie maximieren. In dem Augenblick, wo eine Freundschaft nur erste Zeichen von Spannungen zeigt, bricht er sie ab und sucht lieber eine neue. Dieser Typus versucht für sich immer nur das Beste herauszusuchen, daher ist er selten zu längerfristigen und tiefen Freundschaften fähig.

Lust: Dieser Typus strebt nach Macht und Kontrolle. Er sieht die Welt ausschließlich im Freund-Feind-Schema und sucht geradezu die Konfrontation. Die ungebremste Lust im Enneagramm entspricht der Unkeuschheit in den Todsünden. Diese bezieht sich aber nicht nur auf die Sexualität, sondern auf die Unfähigkeit, die Leidenschaft mit der Vernunft zu durchdringen und sein Begehren bewusst zu leben. Im Positiven fördert und beschützt dieser Typus seine Freunde, im Negativen ist er der hemmungslose Tyrann, der bedingungslose Unterwerfung fordert. Dieser Kontrollwahn wird für freiheitsliebende, selbstbestimmte Freunde irgendwann zur unerträglichen Belastung.

Trägheit: Dieser Typus spürt die Bedürfnisse anderer viel stärker als die eigenen. Da er diese unterschiedlichen Erwartungen aber nicht unter einen Hut bringen kann, fühlt er sich blockiert und zögert jede Entscheidung so weit wie möglich hinaus. Zwar ist er seinen Freunden gegenüber stets freundlich und empathisch, wer aber Verbindlichkeit oder Unterstützung in einem Konflikt erwartet, wird meist enttäuscht werden. Hin- und hergerissen zwischen unterschiedlichen Erwartungen, verhält sich dieser Typus meist unentschlossen und passiv. Mit diesem Verhalten enttäuscht er oft Freunde, die sich von ihm erwarten, dass er zu ihnen steht.

Wer sich auf dieses Experiment eingelassen hat, um sein eigenes Grundmuster unter den neun Typen zu erkennen, darf nicht vergessen, dass es sich dabei um Abwehrmechanismen unserer Persönlichkeit handelt. Deshalb werden die neun Haupteigenschaften auch als »Schatten der Leidenschaften« bezeichnet. Denkt man daher spontan: »Also Neid auf meine Freunde habe ich sicher keinen«, ist man vielleicht sogar auf dem richtigen Weg, einen blinden Fleck in seiner Selbstwahrnehmung zu entdecken. Denn Neid in diesem Zusammenhang bedeutet oft nicht den oberflächlichen Neid auf materielle Dinge wie ein schönes Haus oder ein hohes Einkommen, sondern zwanghaft vom Unerreichbaren angezogen zu werden.

Was passiert mit uns, wenn Neid oder Unersättlichkeit Macht über unsere Gedanken gewinnt?

Um dem möglichen »Schatten unserer Leidenschaft« auf die Spur zu kommen, machen wir jetzt einen weiteren Schritt. Gehen Sie nochmals die neun Haupteigenschaften durch und reduzieren diese auf jene ein bis zwei, die für Sie relevant sein könnten. Als erste Fallstudie nehmen wir an, dass Sie glauben, »Neid« könnte Ihr limitierendes Grundmuster in Beziehungen sein.

Sollten Sie herausfinden, dass Neid für Sie ein Thema ist, so kompensieren Sie Ihre negativen Gefühle sich selbst und der Welt gegenüber durch Flucht in die Fantasie. Dort findet dann ein großer Teil ihrer Beziehungen statt. Für Sie ist es leichter, sich in Ihren Wunschvorstellungen zu verlieren, als sich der Gefahr der Ablehnung oder des Misserfolgs auszusetzen, würden sie versuchen, Beziehungen und Projekte in der Wirklichkeit zu verfolgen.

Wenn Sie erkennen, Ihre eigenen Potenziale nicht verwirklicht zu haben, beneiden Sie andere, weil diese zumindest in Ihrer Wahrnehmung ein erfüllteres und erfolgreiches Leben führen. Neid ist für Sie ein starker Antriebsfaktor, weil Sie ständig das Gefühl haben, dass Ihnen etwas fehlt, das andere haben. Doch selbst wenn Sie die angestrebten Ziele erreichen, verlieren diese ihren Reiz und Sie richten Ihre Aufmerksamkeit sofort auf neue, noch unerreichbarere Vorstellungen.

Ihre Chance zu einer gesunden Entwicklung liegt darin, die Fähigkeit zu entwickeln, Ihre Aufmerksamkeit in der Gegenwart zu halten. Immer wenn es Ihnen gelingt, vom Fühlen ins Tun zu kommen, sich Beziehungen nicht in Ihrer Fantasie auszumalen, sondern sie in der Realität zu wagen, geht es Ihnen am besten. Dann sind Sie in der Lage, zu einem inspirierten und schöpferischen Menschen zu werden, der von anderen Menschen für seine Empathie und Kreativität geschätzt wird. Ihre tiefe Sehnsucht, sich selbst zu verstehen, wird nicht durch den inneren Rückzug, sondern durch die Manifestation Ihrer Ideen und Visionen in der Welt erfüllt werden. Durch die Bestätigung von außen und die innere Sinnerfüllung überwinden Sie den Neid auf andere.

Als zweite Fallstudie untersuchen wir jetzt noch »Unersättlichkeit« als Haupteigenschaft:

Sollten Sie herausfinden, dass Unersättlichkeit für Sie ein Thema ist, so verweigert Ihnen das Leben nicht deshalb die gewünschten dauerhaften tiefen Beziehungen, um Sie zu frustrieren, sondern weil Sie selbst dem Leben zu wenig Vertrauen entgegenbringen. Sie *erleben* Ihre Erfahrungen nicht, sondern Sie *verleben* diese. Der unstillbare Drang, sich durch Hyperaktivität Befriedigung zu verschaffen, steht dem Glücklichsein entgegen, weil Sie nichts, was Sie tun oder haben, wirklich schätzen. Sie schaffen es selten, zu einer neuen Verlockung »Nein« zu sagen, sondern stopfen so viele Erfahrungen in sich hinein, dass keine Qualität entstehen kann. Anstatt bestehende Beziehungen zu vertiefen und zu verinnerlichen, suchen Sie ständig neue in der Hoffnung, darin die ersehnten tiefen seelischen Erlebnisse zu finden. Wer sich in Beziehungen ständig alle Optionen offen halten will, verliert wertvolle Menschen, denen Verbindlichkeit und Verlässlichkeit wichtig sind.

Ihre Chance, dieses Muster zu unterbrechen, liegt darin, zu entdecken, dass der Gabentisch in Ihrem Leben mehr als reich gedeckt ist. Dann könnten Sie Ihre Talente, Projekte und vor allem Ihre Beziehungen vertiefen und verinnerlichen. Der unendliche Reichtum Ihres Daseins würde Ihnen Zugang zu Ihrer Spiritualität und inneren Welt eröffnen, um dort Dimensionen zu erleben, die Sie bisher gar nicht wahrgenommen haben. Dieses Glücksgefühl verbunden mit Ihrer vitalen Lebensfreude wirkt dann anziehend auf andere Menschen. Sie können andere mitreißen, ein herausforderndes Projekt anzugehen. Tiefe Beziehungen zu anderen Menschen sind für Sie notwendig, damit Sie sich auf das konzentrieren, was da ist, statt sich in Hunderten Aktivitäten, Plänen und Ideen zu verlieren. Die größte Herausforderung für Ihren Typus liegt darin, sich überhaupt einzugestehen, dass unbefriedigende menschliche Beziehungen sehr wohl etwas mit Ihnen selbst zu tun haben und keine Laune des Schicksals sind.

Es würde den Rahmen dieses Buches sprengen, auf alle neun Haupteigenschaften genauer einzugehen, daher wurden exemplarisch Neid und Unersättlichkeit ausgewählt. Die Darstellung aller neun Typen finden Sie in den Büchern »Das Enneagramm: Sich selbst und andere verstehen lernen« von Helen Palmer, »Die Weisheit des Enneagramms: Entdecken Sie Ihren inneren Reichtum« von Don Richard Riso und »Das Enneagramm: Die 9 Gesichter der Seele« von Richard Rohr. Jedes dieser Bücher bietet eine sehr empfehlenswerte Einführung, wenn Sie sich intensiver mit Ihrem eigenen Schatten und dem Ihrer Freunde beschäftigen wollen.

Die gute Nachricht: Es gibt kein Gefühl, das nicht veränderbar wäre

Wie im Enneagramm geht es auch in der modernen Verhaltenstherapie um bestimmte Schemata. Darunter versteht man allgemeine, organisierende Prinzipien, die uns helfen, Ereignisse in unserem Leben zu verstehen. Schemata bilden sich aus dem angeborenen Temperament, der sozialen Umgebung des Kindes und dem Spannungsfeld aus der Erfüllung oder der Nichterfüllung von emotionalen und seelischen Grundbedürfnissen.

Eine bekannte Methode in der Verhaltenstherapie ist die Arbeit mit dem inneren Kind. Das innere Kind äußert sich in heftigen Gefühlen, die nicht zum Verhalten eines erwachsenen Menschen zu passen scheinen. Hinter der Arbeit mit dem inneren Kind steht die Überzeugung, dass alles was in unserer Lebensgeschichte versäumt wurde, sehr wohl von uns als Erwachsene nachgeholt und geheilt werden kann. Dabei wird dem heute erwachsenen Menschen zugeschrieben, dass er bereits über alle Kompetenzen verfügt, die er benötigt, um seine seelischen Probleme zu lösen. Ausgestattet mit diesen Ressourcen bekommt er nun die Aufgabe, sich um den jüngeren Teil in sich selbst zu kümmern und so eine liebevolle Beziehung zu seinem inneren Kind aufzubauen. Das geht primär nicht über den Verstand, sondern zum Beispiel mit Körperwahrnehmung und Atmung. Eine Möglichkeit wäre auch, alte Kindheitsfotos zu sichten und sich zu fragen: Wie gefalle ich mir, wie schaue ich drein? Dann kommen automatisch Erinnerungen. Für viele ist Schreiben ein mächtiges Instrument. Das kann damit beginnen, einen Brief an sein inneres Kind zu schreiben. Wir können uns Fragen stellen, die uns gerade bewegen und diese dann aus der Sicht des inneren Kindes beantworten. »Wann hat sich Neid entwickelt, war ich als Kind neidisch auf die schönere Schultasche meiner Freundin?« Tagebuch zu schreiben ist eine wunderbare Selbsttherapie. Bei allen Methoden wird grundsätzlich versucht, den erwachsenen Menschen von heute einzuladen, sich um das Kind zu kümmern, das er einmal gewesen ist.[4]

Es ist möglich, in das Rad unserer Seele einzugreifen, wenngleich manchmal die Hilfe anderer Menschen dafür notwendig ist. Der Psychoanalytiker und Managementcoach Klaus Geisslmayr erklärt den Zusammenhang zwischen der Qualität von Freundschaften und der eigenen inneren Entwicklung so: »Kinder idealisieren in der frühen Kindheit ihre Eltern und schaffen sich dadurch unbewusst ein archaisches, idealisiertes Bild, mit dem sie zu verschmelzen versuchen, um sich sicher und lebendig zu fühlen. In einem gelungenen Entwicklungsprozess reduziert sich diese Idealisierung langsam und es entstehen neue seelische Mechanismen, die die psychischen Funktionen des idealisierten Elternbildes übernehmen. Der Verlust eines Elternteils oder andere traumatische Erfahrungen können diese schrittweise Zurücknahme der Idealisierung aber verhindern. Dann bleibt die Persönlichkeit das ganze Leben hindurch von bestimmten ›Objekten‹ abhängig, was sich als intensiver Objekthunger bemerkbar macht.

Solche Menschen sind dann immer auf der Suche nach äußeren Idealfiguren, von denen sie Fähigkeiten wie Orientierung und Stärke erhoffen, die ihnen in der eigenen Persönlichkeit nicht zugänglich scheinen. In Freundschaften wird der andere dann nicht als reale Person wahrgenommen, sondern unbewusst verwendet, um dringend benötigte seelische Funktionen zu erfüllen. Je archaischer und unreifer derartige Bedürfnisse sind, desto schlechter gelingen Begegnungen auf einer tiefen menschlichen Ebene. Es fällt schwer, den anderen in seiner gesamten vielschichtigen Persönlichkeit zu akzeptieren, und in Folge besteht die Gefahr der Frustration. Denn früher oder später stellt sich heraus, dass der Freund nicht ganz so wunderbar ist.«

In diesem Kapitel wurde versucht, uns der dunklen Seite unserer Leidenschaften über das Enneagramm anzunähern, um unsere Freunde vor ihr zu schützen. Wir sind unseren limitierenden Mustern nicht völlig ausgeliefert. Im letzten Kapitel »Das zehnte und wichtigste Gebot der Freundschaft« werden Wege aufgezeigt, wie wir mit unserem Schatten Freundschaft schließen können. Nicht indem wir diesen unterdrücken, sondern indem wir uns in den entscheidenden Augenblicken die Fähigkeit zur Selbstreflexion bewahren.

»Willst du dich selber erkennen, so sieh, wie die andern es treiben.
Willst du die andern verstehn, blick in dein eigenes Herz.«

Friedrich von Schiller

1 Oscar Wildes Roman »Das Bildnis des Dorian Gray« ging aus einem Treffen Wildes mit seinem amerikanischen Verleger Stoddart und Sir Arthur Conan Doyle, dem Erfinder des Sherlock Holmes, hervor. Im Rahmen dieses Abends erzählte Wilde die beschriebene Anekdote. Quelle: Matthias Engels: »Die heiklen Passagen der wundersamen Herren Wilde & Hamsun«, Stories & Friends Verlag 2015

2 In dem Kapitel wird statt dem Begriff »Habsucht«, wie er in den sieben Todsünden und im Enneagramm verwendet wird, das zeitgemäßere Wort »Geiz« gebraucht.

3 Andreas Salcher: Erkenne Dich selbst und erschrick nicht, Salzburg 2013

4 Luise Reddmann: Imagination als heilsame Kraft, Stuttgart 2001, S. 72 ff.

Sprachlosigkeit – wenn uns die richtigen Worte fehlen

Ein leerer Kinderwagen und die Kunst des Stabhochspringens

Es war ein windiger Herbsttag, als Elias beim Spazierengehen das mit ihm befreundete Ehepaar Caroline und Wolfgang sah, die gemeinsam einen Kinderwagen schoben. War es schon so weit? Offenbar hatten beide endlich ihr lange ersehntes Kind bekommen. Freudig ging Elias auf die beiden zu, grüßte und wandte sich dem Kinderwagen zu, um einen Blick auf das Neugeborene zu werfen. Der Kinderwagen war leer. Elias blickte nochmals hin, vielleicht war es nur unter Decken gut geschützt verborgen. Weiße, nackte, unbenutzte Leere, nichts anderes konnte er erkennen. Jetzt erst fielen ihm die verweinten Augen seiner Freunde auf, die versteinert wirkten. In Elias lief eine Kettenreaktion ab, ein Rätsel, das nicht schwer zu entschlüsseln war, doch an dessen Auflösung er nicht zu denken wagte. Er rechnete schnell die Monate durch, seit er von der Schwangerschaft von Caroline erfahren hatte, den prognostizierten Geburtstermin, der zwei, wahrscheinlich drei Monate in der Zukunft lag. Warum fuhr ein Ehepaar Monate vor der Geburt mit einem leeren Kinderwagen durch die Gegend? Rote verweinte Augen, Schweigen, Kälte, Leere. Das Kind war nicht da, konnte gar nicht da sein. Das heißt, es konnte nur … es musste … das kann nicht wahr sein ... das durfte nicht wahr sein. Noch immer war kein einziges Wort gesprochen worden. Mein Gott, was soll ich nur sagen ... nur kein falsches Wort ... kein banales »Es tut mir so leid« ...

Der Stabhochsprung gilt als die schwierigste und gefährlichste Disziplin im Zehnkampf. So kann dreimaliges Scheitern in Folge an einer Sprunghöhe nicht mehr gutgemacht werden, man fliegt aus dem Wettkampf. Der richtige Umgang mit Schicksalsschlägen von Freunden gleicht einem Stabhochsprung, es gibt allerdings nur einen Versuch. Der muss passen. Elias war trainiert im verbalen Stabhochspringen, erfahren genug, um zu spüren, dass es nicht um Technik, sondern um Intuition ging. Wie in Trance folgte er seiner inneren Stimme, die ihm sagte, dass es kein richtiges Wort gab, mit dem er die Latte, die unerreichbar über dieser Situation schwebte, überspringen konnte.

Elias sagte einfach nichts. Er umarmte erst Caroline, dann Wolfgang. Intensiv und zärtlich. Dann ging er weiter.

Caroline erzählt später, dass von den vielen Reaktionen von Freunden und Bekannten auf den Tod ihres früh geborenen Kindes, das fast zehn Wochen letztlich erfolglos um sein Leben gekämpft hatte, jene von Elias die hilfreichste gewesen ist. Wenn die Worte fehlen, dann hilft eine Geste. Elias' Prägung als Waisenkind führte dazu, dass er mit dem seelischen Überleben in eisiger Umwelt in seiner Kindheit oft extrem gefordert war. So wie man den Körper für den Sprint, den Weitsprung, den Speerwurf, den Hochsprung und als größte Herausforderung den Stabhochsprung trainieren konnte, verlangte die einem Druckkochtopf gleichende Atmosphäre des Internats die Ausbildung besonderer menschlicher Fähigkeiten. Achtsamkeit, Genauigkeit und Behutsamkeit waren jene Eigenschaften, die Elias später im Leben in den schwierigsten zwischenmenschlichen Situationen halfen, eben ein bisschen besser zu reagieren. Freundschaft setzt voraus, sich überhaupt erst einzulassen auf bestimmte Situationen. Denn im Gegensatz zu Partnerschaften ist es in Freundschaften leichter, sich vor unangenehmen Fragen zu drücken.

Niemand kann einem anderen die Tränen trocknen, ohne sich selbst die Hände nass zu machen. Viele Menschen scheuen davor zurück, den Freund anzurufen, wenn sie von einem Schicksalsschlag erfahren, der ihn getroffen hat. Zu groß ist die Angst, im Stabhochsprung des Mitgefühls zu scheitern, weil es an den richtigen Worten oder Gesten fehlen würde. Nur die Entscheidung, sich gar nicht zu rühren, ist immer die falsche. Die Rechtfertigung vor sich selbst, dass man den Freund jetzt nicht stören dürfe, ist erbärmlich. Gerade wenn die böse Diagnose, der Tod eines geliebten Menschen oder der Verlust des Jobs einem Menschen widerfährt, braucht er die Anteilnahme seiner Freunde. Nichts ist schlimmer, als nichts zu hören, keine Nachricht zu bekommen, allein zu sein. Hiob, dem sprichwörtlich Leidenden in der Bibel, dem alles was ihm lieb war, genommen wurde, gingen die Worte des Mitleids seiner Freunde irgendwann nur mehr fürchterlich auf die Nerven. Erst als sie eine Woche lang im Schweigen bei ihm saßen, spürte er ihre Unterstützung. Ehrliche Anteilnahme und nicht Mitleid zu zeigen, ist eine schwierige Disziplin.

Wie können Männer ihre Sprache gegenüber ihren Freunden finden?

Das Dilemma zwischen dem Wunsch nach Verbundenheit und der Verklemmtheit, diese in Worten oder Gesten auszudrücken, stellt sich oft als Hindernis für die notwendige Verbundenheit unter Freunden dar. Es wirkt lieblos, wenn man einander die Freundschaft nur mit austauschbaren Floskeln beteuert. »Du bist mein bester Freund«, sagte man eher in der vorpubertären Phase der Blutsbrüderschaften von Buben. Die »beste Freundin« wechselt bei kleinen Mädchen manchmal monatlich. Männer tun sich oft schon schwer, »Ich liebe dich« zu ihrer Frau zu sagen, wie sollen sie dann erst die richtigen Worte gegenüber dem guten Freund finden? Wie können Frauen oder Männer ihre Gefühle gegenüber ihren Freunden in Worte fassen, vor allem gegenüber jenen vom anderen Geschlecht? Sagt eine Frau »Ich liebe dich« zu einem guten Freund, kann das bei diesem lange unterdrückte Hoffnungen an die Oberfläche schwemmen, natürlich auch umgekehrt von Mann zu Frau. Das »Ich liebe dich« zwischen Männern in Freundesbeziehungen galt lange Zeit als völlig tabuisiert, weil keiner Missverständnisse auslösen wollte.

Die überschwänglichen Liebesbeteuerungen ihrer Freundschaft zwischen Männern im 19. Jahrhundert, die heute noch in Briefen erhalten sind, zeigen den Mangel an Ausdrucksmöglichkeiten für ein damals wiederentdecktes Phänomen. Da man keine geeigneten Worte fand, verwendete man einfach das Vokabular der Liebenden und übertrug es auf seine Freunde. Heute liest es sich seltsam, wie sich heterosexuelle Männer damals ihre Liebe schworen und mit leidendem Herzen an den abwesenden Freund dachten. In der griechischen Klassik stand Freundschaft als Wert dagegen über der Liebe. Freundschaft galt als die edelste Form der zwischenmenschlichen Beziehung. »Freundschaft ist eine Seele in zwei Körpern«, schrieb Aristoteles. Eine entscheidende Verschiebung der sprachlichen Bedeutung von Freundschaft in Richtung Liebe wurzelt in dem Essay »Über die Freundschaft« von Michel de Montaigne. Die Sprache, mit der Montaigne seine Freundschaft zu Étienne de La Boétie beschwor, würden wir heute wohl eher für eine Liebesbeziehung verwenden: »Bei der Freundschaft hingegen, von der ich spreche, verschmelzen zwei Seelen und gehen derart ineinander auf, dass sie sogar die Naht nicht mehr finden, die sie einte.« Dieser Text über Freundschaft deutete den Wendepunkt an, mit dem die hohe Wertschätzung der Freundschaft in der Klassik durch die Idealisierung der Liebe in der Romantik abgelöst wurde. Seit damals gewann die Liebe immer mehr an Bedeutung, während es mit der Freundschaft bergab ging. Heute gibt es Anzeichen dafür, dass sich diese Entwicklung wieder umzukehren scheint.[1]

Die Generation Y wirkt emotional offener, lässt Gefühle wieder mehr zu.[2] In Freundschaften umarmt man sich, schreckt vor den Worten »Ich liebe dich« nicht zurück, gebraucht sie manchmal sogar inflationär. Die Burschen küssen sich zur Begrüßung, sind berührbarer. Es scheint möglich, dass eine Freundin und ein Freund gemeinsam im Bett schlafen, ohne dass Sexualität eine Rolle spielt. Jüngere Menschen tragen Konflikte in ihren Freundschaften emotional intelligenter und mit einer breiteren Auswahl von Handlungsmöglichkeiten aus. Dafür sind sie weniger leidensbereit, wenn eine Freundschaft nicht mehr erfüllend ist, dann wird sie schnell beendet – oft per SMS.

Männer unternehmen etwas mit Freunden, Frauen geht es um Anteilnahme und Austausch. Traditionell fällt es Männern schwer, über negative Gefühle zu sprechen, weil sich das nicht mit ihrem Selbstbild von Stärke und Nicht-Verletzbarkeit in Einklang bringen lässt. Sie wenden viel Energie in den Aufbau von Fassaden auf, spalten ihre negativen Gefühle ab und schotten ihre Beziehungen und Freundschaften davon ab. Ihre Partnerinnen und

Freundinnen leiden darunter, weil sie sich ausgeschlossen fühlen und selbst ein starkes Bedürfnis nach Teilhaben besitzen. Frauen reflektieren mit ihren Freundinnen sehr intensiv ihre Beziehungen und gehen davon aus, dass Männer das ebenfalls machen. In Wirklichkeit lieben Männer es eher, über Beruf, Sport, Politik, Autos und wie sie die Welt retten würden, zu reden. Frauen sind in Männergesprächen selten ein Thema, und wenn, dann erst, wenn es in der eigenen Beziehung wirklich brennt. Alles nur Klischees oder die nackte Wahrheit?

Männer sind nicht weniger sensibel, sie haben nur gelernt, ihre Gefühle für sich zu behalten, weil sie glauben, dass sie sonst als schwach gesehen werden. Ihre Sprachlosigkeit kommt aus der Angst, den anderen zu überfordern, aus Scham davor, sich nackt zu zeigen. Vielen Männern fehlt das Bewusstsein, wie wichtig die Fähigkeit ist, Verwundbarkeit und fundamentale Gefühle zuzulassen. Clint Eastwood, bei dem sich die Anzahl an gesprochenen Sätzen in manchen Filmen an den Fingern einer Hand abzählen lässt, wirkt noch immer als männliches Ideal. Wenn überhaupt, dann spricht sein Revolver. Männer haben gute Freunde, reden aber selten darüber. Das beraubt sie wesentlicher Teile, um ihr Seelenleben zu bereichern. Unter Männern führt das zu einem großen Bereich des Unausgesprochenen. Sie schütten ihr Herz gegenüber Freunden erst aus, wenn die Frau davongelaufen ist oder wenn sie vor dem Bankrott stehen. Dann fließen schnell die Tränen. Und vielleicht begreifen Männer zumindest in diesem Moment, dass Tränen ein Zeichen der Stärke, nicht der Schwäche sind.

Wenn es alle außer dem Betroffenen wissen – wie viel Ehrlichkeit verträgt Freundschaft?

»Zu einer glücklichen Ehe gehören meist mehr als zwei Personen.«

Oscar Wilde

Fragt man Menschen, ob sie sich vorstellen könnten, einen Freund mit dessen Partnerin zu betrügen, verneinen das alle empört. Eine derartige Affäre oder gar Beziehung sei indiskutabel und moralisch verwerflich. Bleibt man hartnäckig, indem man zum Beispiel nachfragt: »Aber was wäre, wenn ihr beide, die Frau deines Freundes und du, selbst erkennt, dass ihr für einander bestimmt seid?«, folgen weitere Dementis bis zu dem Punkt, an dem sich die totale Entrüstung manchmal aufweicht und die Befragten antworten: »Also wenn wir wirklich beide zu hundert Prozent überzeugt wären, dann müssten wir mit dem Betroffenen ehrlich reden.« Die Lebensrealität spricht eine eindeutigere Sprache: Affären und Beziehungen unter engen Freunden finden öfter statt als man glaubt – und sie blühen häufig über Jahre im Verborgenen.

Die verheiratete Renate beichtet ihrer engen Freundin, dass sie ein heimliches Verhältnis mit Michael hat. Dieser ist mit ihrer Familie eng befreundet und geht in ihrem Haus ein und aus. Hans, ihr Ehemann, ist ahnungslos. Renate zu Eva: »Das darfst du aber niemandem sagen.« – »Warum erzählst du es mir dann?«, fragt Eva scheinbar erstaunt. Sie durchschaut den Versuch ihrer Freundin, sie zur Mitwisserin machen zu wollen. Eva fühlt sich unwohl und bespricht die Sache mit anderen Freunden des Ehepaares, die offensichtlich schon länger Bescheid wissen. Immer wieder hört sie Argumente wie: »Die beiden lieben einander wirklich.« –

»Dann soll Renate sich dazu bekennen und sich scheiden lassen«, antwortet Eva den Verteidigerinnen von Renate. »Sie kann ihrem Mann eine Scheidung nicht antun, daran würde er zerbrechen«, kommt dann als Gegenargument, das Eva aber nicht überzeugt. Für sie sind das alles Ausreden, in Wirklichkeit geht es aus ihrer Sicht um Feigheit und Bequemlichkeit.

Eva mochte Hans, Renates Mann, nie. Trotzdem fühlt sie sich schlecht dabei, zu schweigen und mitzuspielen. Das Doppelleben von Renate und Michael geht über viele Jahre. Dann erkrankt Renate schwer, ihr Liebhaber Michael kann sich nicht wirklich um sie kümmern, weil sonst alles auffliegen würde. Es wird immer klarer, dass Renate bald sterben wird. Einige ihrer Freundinnen bieten sich an, alle belastenden Beweisstücke wie Fotos und Briefe zu entsorgen. Das will Renate aber nicht. Als Rache für alles, was sie glaubt, dass ihr von ihrem Mann angetan wurde, plant sie, ihm offenbar nach ihrem Tod eine böse Überraschung zu hinterlassen. Renate stirbt und Hans entdeckt kurz nach ihrem Tod die ganze Wahrheit. Zusätzlich zur Trauer kommt der Schmerz, der ihn zu zerstören droht. Vor allem, dass es keine Chance mehr gibt, mit seiner Frau über alles zu reden, bringt ihn fast um den Verstand. Mit den Tränen kämpfend fragt er seine Freunde: »Habt ihr davon gewusst?«

Die Ehe zwischen Renate und Hans war alles andere als ideal, er der dominante Haustyrann und sie die unglückliche Dienerin. Aber es gehören immer zwei dazu. Die Freunde von Hans spielen unwissend und werfen Renate nun vor, dass sie sich nicht zumindest die Mühe gemacht hat, ihr Geheimnis mit ins Grab zu nehmen. Jetzt ist Renate auf einmal die Böse, sie kann sich nicht mehr wehren und Hans ist der arme Betrogene. Dieses Verhalten ist für die Freunde natürlich bequemer als zuzugeben, dass sie Hans genauso verraten haben wie seine Frau. So wandelbar ist Freundschaft.

Was macht das mit einer Freundschaft zu einem Paar, wenn man weiß, dass einem von beiden Partnern Unrecht angetan wird? Schließlich ist man mit beiden befreundet. Darf man sich einmischen? Muss man sich für einen der beiden entscheiden? Darf man zulassen, dass einer blind ins Unglück taumelt? Sind Betrug und Lüge in einer Freundschaft tolerierbar, weil sie nur die Betroffenen zu verantworten haben?

Jeder, der ähnliche Situationen erlebt hat, weiß, dass es keine einfachen Antworten gibt. Meist bleibt nur der Ausweg, seine eigenen Werte als Maßstab zu nehmen. Der Mensch hat die Wahl, ob er treu ist oder nicht. Wer fest davon überzeugt ist, dass jeder Betrug ein Stück in einem Menschen tötet, wird sich wohl für einen der Freunde entscheiden müssen, wissend, dass er den anderen damit wahrscheinlich verliert. Hingegen ist es nicht immer die beste Entscheidung, in einer Freundschaft alle heiklen Dinge sofort anzusprechen. Im Gegensatz zu unseren Lebenspartnern sind wir unseren Freunden nicht ständig ausgesetzt und können darauf vertrauen, dass sich viele Probleme durch die Zeit oft von selbst lösen. Wie hat der legendäre Wiener Kabarettist Karl Farkas so treffend formuliert: »Das Schönste am Seitensprung ist der Anlauf.«

Die Herausforderung in jeder Freundschaft ist, im richtigen Zeitpunkt die richtigen Worte zu finden. Das erfordert Achtsamkeit, weil die Befindlichkeiten bei jedem Freund anders ausgeprägt sind. Das zeigt sich besonders, wenn Konflikte virtuell ausgetragen werden.

Warum E-Mails in Konflikten nicht als Erstschlagswaffen taugen

So wie früher bei beleidigenden Briefen unterliegen wir heute einem Zwang, empörende E-Mails immer wieder zu lesen. Beim ersten Mal fühlen wir uns ungerecht beschuldigt. Beim zweiten Mal wachsen die negativen Gefühle gegen den Absender, weil wir Dinge hineininterpretieren und versteckte Bosheiten zwischen den Zeilen lesen. Beim dritten Mal finden wir das Ganze unverschämt und beginnen einen fiktiven Dialog mit dem anderen. Der Drang, dem anderen jetzt aber wirklich alles zu sagen, wird unbeherrschbar und wir formulieren die Antwort. Jeder Satz in der E-Mail wird mit objektiven Gegenbeweisen entkräftet, dann kommt die noch viel befriedigendere Phase, in der wir uns mit der »krankhaften Persönlichkeit« des anderen beschäftigen, Beispiele aus der Vergangenheit dafür anführen, aus ehemaligen E-Mails zitieren. Die eigene Antwort wird ebenfalls mehrmals gelesen, immer wieder nachgebessert, selten ent-, sondern meist verschärft. Wichtig ist der triumphierende Schlusssatz.

Die Schlacht per E-Mail gleicht dem Austausch mit großen Kanonen, die Zeit zum Zielen und Nachladen benötigen. WhatsApp beziehungsweise SMS entsprechen dagegen dem Schnellfeuergewehr, mit dem ohne viel Nachdenken ständig kurze schmerzhafte Verletzungen erzielt werden können. Im Gegensatz zu einer direkten verbalen Auseinandersetzung schmerzt jedes böses Wort eben nicht nur einmal, sondern jedes Mal, wenn man es liest, vor allem bleibt es gespeichert und ist jederzeit abrufbar. Eine Ohrfeige tut mehr weh, wenn man sie fünfmal statt nur einmal bekommt. Auch sieht man den Schmerz, den man beim anderen verursacht, nicht. Ein Smartphone weint und schreit (noch) nicht.

Wer diesen Eskalationsmechanismus einmal durchschaut hat, kann ihn ganz leicht vermeiden. Die alte Weisheit, dass man einen bösen Brief nie am selben Tag beantworten soll, gilt noch viel mehr für die virtuelle Kommunikation. Ist einmal die Senden-Taste gedrückt, kann man den Satz, der eine Freundschaft für immer zerstören könnte, nicht mehr rückgängig machen. Wenn man besonders empört ist, sollte man die Antwort ruhig schreiben, um sie dann eben nicht abzuschicken. Am nächsten Tag ist man vielleicht sehr dankbar dafür. Auch die Konfliktaustragung per Telefon ist nur bedingt ratsam. Wenn es wichtig ist, dann führt kein Weg am persönlichen Gespräch vorbei, ein bisschen Abstand kann gar nicht schaden. Gute Freunde müssen ihre Konflikte im Gegensatz zu funktionierenden Ehepaaren nicht immer noch vor dem Einschlafen lösen. Manchmal muss man einen Schritt von einem Freund weggehen, um zu merken, was ein Leben ohne ihn wäre.

Die Macht des Wortes

»Worte sind die mächtigste Droge, welche die Menschheit benutzt.«
Joseph Rudyard Kipling

Es fällt uns manchmal schwer, gerade Menschen, die uns in der schlimmsten Not geholfen haben, in der richtigen Art Danke zu sagen. Das hängt mit dem Schmerz in der Situation und mit dem Wunsch nach Distanz nach der Bewältigung zusammen. Dieses Versäumnis kann dann aber als Unachtsamkeit oder gar Undankbarkeit ausgelegt werden. Denken wir einmal nach, welcher Freund uns im Leben besonders geholfen hat und wie wir ihm dafür gedankt haben.

»Und sprich nur ein Wort, so wird meine Seele gesund« muss nicht heißen, auf ein Wort Gottes zu warten, denn wenn Gott ständig in uns ist, können wir dieses eine Wort jederzeit selbst zu einem Freund sagen. Man muss kein gläubiger Christ sein, um die Kraft zu verstehen, die in dem einen Satz liegt, den wir einem Menschen sagen können, der sich danach sehnt. Eine gute Gelegenheit dafür, ihn einmal auszusprechen, bietet sich vielleicht am Ende eines schönen Abends: »Ich bin sehr dankbar dafür, dich als Freund zu haben.« Diesen einen Satz irgendwann über seine Lippen zu bringen oder nicht, kann zwei Leben ändern: das des Freundes und das eigene.

Wir unterschätzen die Macht, die eine Berührung, ein Lächeln, ein freundliches Wort, ein offenes Ohr oder eine ehrliche Anerkennung haben kann. Dafür sollten wir uns alle Zeit der Welt nehmen, denn genau dort liegt unsere größte Sehnsucht. Die Summe jeder ehrlichen Frage nach dem Wohl des anderen, jedes mitfühlenden Blickes und jedes mutigen Wortes wird am Ende des Tages wieder zurückkommen. Die wichtigste Fähigkeit zur Überwindung der Sprachlosigkeit ist jedoch das Zuhören, wie Michael Ende in »Momo« schreibt:

»Sie konnte so zuhören, dass ratlose oder unentschlossene Leute auf einmal ganz genau wussten, was sie wollten. Oder dass Schüchterne sich plötzlich frei und mutig fühlten. Oder dass Unglückliche und Bedrückte zuversichtlich und froh wurden. Und wenn jemand meinte, sein Leben sei ganz verfehlt und bedeutungslos und er selbst nur einer unter Millionen, einer, auf den es überhaupt nicht ankommt und der ebenso schnell ersetzt werden kann, wie ein kaputter Topf – und er ging hin und erzählte alles das der kleinen Momo, dann wurde ihm, noch während er redete, auf geheimnisvolle Weise klar, dass er sich gründlich irrte, dass es ihn, genauso wie er war,

unter allen Menschen nur ein einziges Mal gab und dass er deshalb auf seine besondere Weise für die Welt wichtig war. So konnte Momo zuhören!«

---

1 Vorwort von Daniel Tyradellis: Die Aktualität der Freundschaft in »Freundschaft. Das Buch«, Berlin 2015
2 Als Generation Y werden Menschen bezeichnet, die im Zeitraum zwischen 1980 und 1999 geboren wurden. In den USA bezeichnet man diese Generation auch als Millennials, »die Jahrtausender«.

Das zehnte und wichtigste
Gebot der Freundschaft

10. Du sollst dir selbst ein guter Freund sein

Das offene Geheimnis – wie ich meinen eigenen Schatten fand

Wir verstecken alle unsere tiefen Verletzungen, weil wir glauben, nur wir hätten dieses Geheimnis. Würden wir uns öffnen, würden wir erkennen, dass alle das gleiche Geheimnis teilen – die Angst, wieder dort verletzt zu werden, wo es am schmerzhaftesten ist. Der islamische Weisheitslehrer Rumi[1] nannte den Versuch, unsere dunklen Seiten vor anderen zu verbergen, das »offene Geheimnis«. Denn die Ironie besteht darin, dass wir alle diese Schatten mit uns mitschleppen und voreinander zu verbergen suchen. Rumi lehrte uns, dass in jenem Augenblick, wo wir bereit sind, unseren Schatten zu akzeptieren, sich die Türen zu anderen Menschen öffnen würden, weil diese dann auch keinen Grund mehr sähen, ihren vor uns zu verbergen.

Die Gespräche für dieses Buch haben mir gezeigt, wie schwierig es für viele Menschen ist, über ihren Schatten zu reden. Über den Schatten anderer Menschen zu schreiben, ohne sich zuvor mit seinem eigenen auseinandergesetzt zu haben, das wäre wie von einer Tiefseeexpedition zu berichten, ohne je selbst im Meer getaucht zu haben. Aus diesem Grund werde ich das Fenster zu meinem Geheimnis einen Spalt öffnen und von einem Versuch erzählen, meinen Schatten als Teil von mir selbst zu erkennen. Jeder hat seine eigenen dunklen Seiten und Dämonen, man darf diesen nur nie die Macht über sich überlassen. Wer seinen Schatten kennt, wird diese Gefahr rechtzeitig wahrnehmen. Wie bin ich meinem Schatten auf die Spur gekommen?

Sommer 2002, Big Sur, Kalifornien

Esalen ist ein Kraftplatz, benannt nach einem alten Indianerstamm, ein Ort, an dem die amerikanische New-Age-Bewegung wesentlich mitgeprägt wurde. Was in den Sechzigerjahren als eine Kommune mit Sex, Drogen und Rock 'n' Roll begann, wurde durch die ersten Workshops schnell zu einem Treffpunkt außergewöhnlicher Menschen in den Bereichen Musik, Psychologie, Psychotherapie, Sinnsuche und östlicher Weisheiten. Hier begegneten sich Menschen von Susan Sontag bis Joan Baez, von Henry Miller bis Jack Kerouac, von Julia Cameron bis Jane Fonda. In Esalen lehrten Legenden wie Abraham Maslow, Fritz Perls, Aldous Huxley, Fritjof Capra, Moshé Feldenkrais, Carlos Castaneda, Deepak Chopra und Joseph Campbell.

Nach Esalen fahren Menschen in Umbruchsphasen in ihrem Leben, so wie ich im Sommer 2002. Das Erste, das ich lernen musste, war zu erkennen, dass von zu Hause, Tausende Kilometer entfernt, alle Probleme heimlich im Gepäck mitgereist waren – so auch mein Schatten. War es Zufall oder Bestimmung, dass ich einen Workshop zum Thema »Kreativität« auswählte, in dem wir gleich am Anfang eine Übung machen mussten, die uns mit unserem Schatten konfrontierte? Rick, unser Workshop-Leiter, der mit seiner riesigen Statur und jahrzehntelanger Erfahrung in Indien alle Vorstellungen von einem Guru erfüllte, verwendete nicht den Begriff »Schatten« von C. G. Jung, sondern »Nemesis«. Nemesis ist in der griechischen Mythologie die Göttin der ausgleichenden Gerechtigkeit, die vor allem die menschliche Selbstüberschätzung bestraft.

Um unseren Schatten zu entdecken, machten wir eine einfache Übung – mit großer Wirkung. Wir sollten uns fragen, wann wir das erste Mal in unserem Leben jemanden bewusst angelogen hatten. Ich dachte nach und mir fiel eine Situation ein, die mir noch heute peinlich ist, wenn ich daran denke. Ich wollte den Spinat, den meine Mutter für mich gekocht hatte, nicht essen, deshalb leerte ich ihn über den Balkon. Allerdings war ich dabei so ungeschickt, dass Teile davon auf dem Balkon unseres Nachbarn unter uns landeten. Der kam herauf und beschwerte sich bei meiner Mutter, und wie viele Kinder in so einer Situation, leugnete ich meine Tat zuerst hartnäckig. Als ich diese Bilder ganz stark vor mir sah, stellte uns Rick die nächste Frage. Was war das tiefere Motiv, warum wir gelogen hatten? Ohne nur eine Sekunde nachdenken zu müssen, schoss es mir ins Bewusstsein: Scham. Ich schämte mich einfach vor meiner Mutter, etwas so Peinliches getan zu haben. Anschließend führte uns Rick in ein Künstleratelier mit Blick über den Pazifik mit allen notwendigen Utensilien, um Bilder, Skulpturen oder andere Objekte gestalten zu können. Wir sollten ein symbolisches Kunstwerk schaffen, das für unseren Schatten stand.

Nachdem ich in meinen Kindheitserinnerungen geschürft hatte, fiel mir eine Szene im Kindergarten ein, die offenbar für mein Gefühl der Scham stand. Wir Kinder besuchten ein Freibad und sollten uns dafür bis auf die Badehose ausziehen, um im Wasser spielen zu können. Ich war das einzige Kind, das sich weigerte, sein T-Shirt auszuziehen. Keine Ahnung, warum mir das in diesem Augenblick so wichtig war, ich hatte davor nie ein Problem gehabt, nackt mit anderen Kindern zu spielen, und bei uns zu Hause ging es sehr offen und liberal zu. Die kluge Kindergartenpädagogin machte keine große Sache daraus und ich musste an diesem Tag eben nicht im Wasser spielen. Jedenfalls half mir diese Kontaktaufnahme mit dem Bild aus meiner Kindheit, das ich völlig verdrängt hatte, um die Idee für mein »Kunstwerk« zu finden.

Ich bastelte ein Kinder-T-Shirt aus Papier und bemalte es genau mit jenen rot-gelben Querstreifen, die ich in der Erinnerung gesehen hatte. Das war das Symbol für meinen Schatten. Für den Rest des Workshops schleppten alle Teilnehmer ihren Schatten vom Frühstück bis zum späten Tagesausklang in den berühmten heißen Quellen von Esalen mit. Am letzten Abend hatten wir die Möglichkeit, in einem heftigen Ritual über dem tosenden Meer Freundschaft und Versöhnung mit unserem Schatten zu feiern. Das hört sich alles ziemlich esoterisch an. Wenn man allerdings weiß, dass Esalen eine der Geburtsstätten der Gestalttherapie ist, dann wird man verstehen, warum man dort seit Jahrzehnten so sehr auf die Kraft von Ritualen setzt. Jedenfalls läuft noch heute ein Film in mir ab, sobald ich an dieses Kinder-T-Shirt denke. Das Gute ist, dass ich kein Gefühl der Peinlichkeit mehr dabei empfinde, eher ein Schutzbedürfnis für einen Teil von mir selbst, dem ich viel zu verdanken habe, auch wenn er mich verletzlich macht.

Als ich mich intensiver mit Persönlichkeitstheorien wie dem Enneagramm oder der Archetypenlehre von C. G. Jung[2] beschäftigte, stieß ich immer wieder auf die Scham als meinen Schatten, den ich nicht abschütteln konnte, sosehr ich mich darum bemühte. Mein Schatten hindert mich bis heute manchmal daran, das zu tun, was ich will, mich so zu verhalten, wie ich es gerne möchte. Zumindest habe ich verstanden, dass ich mich mit meinem inneren Kind stets aufs Neue verbinden und versöhnen muss, um mit meinen Begrenzungen besser umgehen zu können. Denn mein inneres Kind ist ohnehin immer da, es hört jedes Gespräch mit und sieht alles aus seiner eigenen Perspektive. Es ist wachsam, wenn es befürchtet, in einer Situation angegriffen oder beschämt zu werden. Es sehnt sich danach, so wie es ist, angenommen, respektiert und gewürdigt zu werden.

Nicht nur für mich, für uns alle ist es wichtig, uns von diesen Ängsten und Sehnsüchten unseres inneren Kindes als Erwachsene nicht abzuschneiden. Denn erst wenn wir uns von unseren Ängsten abschneiden, frieren wir sie ein. Verdrängung funktioniert ebenso wenig wie man Kopfschmerzen nicht durch Enthauptung lösen kann, hat C. G. Jung einmal gesagt.

Seitdem ich gelernt habe, offener mit meinem Schatten umzugehen und mein Fenster manchmal so weit zu öffnen, dass meine Freunde ihn sehen können, sind meine persönlichen Beziehungen tiefer geworden. Aber nicht nur das. Es gelingt mir viel besser, mehr Resonanz für meine Anliegen bei anderen Menschen zu finden, selbst bei solchen, die mich nur ganz wenig kennen. Für mich bedeutet die Arbeit an meinem Schatten, meine Selbstwahrnehmung so weit zu schärfen, um Situationen zu erkennen, in denen ich mich von anderen entferne, weil ich zu sehr bei meinen Themen bin, weil das Besserwissende, das Urteilende in mir eine schiefe Ebene zu meinen Freunden aufbaut.

Der Großteil dieses Buches ist den positiven Möglichkeiten gewidmet, wahre Freunde zu finden, die Beziehungen zu ihnen zu festigen und die vielen Bedrohungen rechtzeitig zu erkennen. Doch wie viel Zeit haben wir bisher aufgewendet, um zu lernen, uns selbst ein guter Freund zu sein? Diese Aufgabe ist um nichts

einfacher, als anderen ein guter Freund zu sein. Viele der beschriebenen Gifte wie Neid oder Geiz schlucken wir selbst, meist
ohne es zu merken. »Erkenne dich selbst«, die Essenz vieler Weis-
heitslehren, bedeutet, seinen Schatten erst sehen und dann mit
diesem Freundschaft schließen zu lernen, statt ständig zu versuchen, ein anderer sein zu wollen, als wir sind.

Das schwächste Glied in der Kette unserer Beziehungen

»Ich habe damit begonnen, mir selbst ein Freund zu sein. Damit ist
schon viel gewonnen, man kann dann nicht mehr einsam sein. Wisse
auch, dass ein solcher Mensch allen ein rechter Freund sein wird.«
Lucius Annaeus Seneca

Seinen Schatten sucht man sich nicht aus. Ihrer ist ein anderer als
meiner. Nur wer seinen Schatten kennt und achtsam mit sich
selbst umgeht, kann das auch gegenüber seinen Freunden. Netz-
werksexperte Harald Katzmair: »Alles was ich in meinen Bezie-
hungs-Analysen von gesellschaftlichen Netzwerken darstelle, mag
hilfreich sein, das Wichtigste ist aber immer die Beziehung des
Einzelnen zu sich selbst. Das schwächste Glied in der Kette bin
immer ich selbst.«

Menschen, die ein starkes Bedürfnis nach Bewunderung und
Lob haben, versuchen auch in Freundschaften, unbewusst möglichst viel davon als Lebenselixier zu bekommen. Schließen zwei
Menschen, die noch keine reife Beziehung zu ihrem Schatten entwickelt haben, Freundschaft, führt das oft zu einer verstrickten

Beziehung. Beide versuchen dann den anderen dafür zu verwenden, die Lücken in der eigenen Persönlichkeit zu schließen. Die Qualität guter Freundschaft kann dagegen darin liegen, dem Freund dessen Schatten sichtbar zu machen, und zwar in einer Art und Weise, die dieser akzeptieren kann.

Der Psychoanalytiker Klaus Geisslmayr über die notwendige Reife für authentische Freundschaften: »Wir alle benötigen Bestätigungen in unserem Leben, aber nicht in derselben Intensität. In früher Kindheit entsteht in Kindern ein inneres Bild eigener Allmacht und Grandiosität als unbewusster Versuch, sich als stark und vollkommen zu erleben. Dadurch wird versucht, die verlorene vollkommene Verbindung mit den Eltern – das verlorene Paradies des unschuldigen Kindes – wiederzuerlangen, indem die Unvollkommenheit in die Außenwelt verlagert wird. Wenn Eltern wohlwollend auf diese Größenfantasien ihrer Kinder reagieren, erleichtern sie diesen, ihre archaischen Gefühle im Laufe der Zeit selbst weiterzuentwickeln. Gelingt allerdings diese Umformung in vielen kleinen Interaktionen nicht, ist dies oft die Ursache für ein überwertiges, unreifes Bedürfnis nach Bewunderung. Dann werden Freunde leicht für eigene Entwicklungsdefizite verwendet anstatt eines von wechselseitiger Anerkennung geprägten Austausches. Zusätzlich wird in der eigenen Selbstdarstellung etwas versteckt, nämlich jene Persönlichkeitsanteile, die mit dem Bedürfnis nach Bewunderung und der eigenen Größenfantasie im Konflikt stehen. Dieses Verstecken steht einer authentischen Begegnung im Wege. Wie eine Maske wird etwas zwischen die Beziehung zu anderen Menschen gestellt, was zu einem Gefühl von Unechtheit führt.«

In diesem Buch geht es um die Unachtsamkeit gegenüber unseren Freunden. Die größtmögliche Unachtsamkeit ist aber jene gegenüber sich selbst. Wilhelm, ein 55-jähriger leitender Angestellter: »Genau im Augenblick großer beruflicher Enttäuschungen kamen gesundheitliche Beeinträchtigungen dazu. Das eine ist eine Erbkrankheit, die einfach mit dem Alter mehr Medikamente benötigt, das zweite sind psychosomatische Angstzustände. Beides führt dazu, dass ich mit meinem Körper unzufrieden bin und einfach nicht das leisten kann, was ich gerne möchte. Daher bin ich weder mit meinem Geist noch mit meinem Körper gut Freund. Das ist eine nagende Unzufriedenheit. Druck macht einen Menschen immer kleiner, und wenn einen dann zusätzlich die Gesundheit niederdrückt, dann spürt man die eigene Ohnmacht und Verletzbarkeit.«

Wenn wir Enttäuschungen in der Vergangenheit immer wieder durchleben, werden wir zu Sklaven unserer selbst. Wir können unsere Vergangenheit nicht ändern, wir haben nur die Möglichkeit, unsere eigenen Gedanken zu ändern. In unserem Kopf gibt es Gedanken, die uns verletzen, oder solche, die uns helfen können. Nur wir können entscheiden, welchen wir Macht geben. Diese Wahl kann uns keiner abnehmen. So schöpfte Nelson Mandela während der quälend langen Jahre seiner Haft Kraft aus dem Gedicht »Invictus« von William Ernest Henley. Die berühmten zwei Schlusszeilen lauten:

»I am the master of my fate:
I am the captain of my soul.«

»Ich bin der Meister meines Schicksals.
Ich bin der Kapitän meiner Seele.«

Die Königsdisziplin der Lebenskunst

Sobald wir gelernt haben, uns liebevoll zu sehen, brauchen wir die Begegnung mit uns selbst nicht zu fürchten, wann immer und wo immer diese auch stattfinden wird. Gelegenheiten dafür gibt es stets genug. Diese zu nutzen, erfordert eine besondere Fähigkeit: das sanfte Hinschauen auf unser eigenes Leben.

Im besten Fall können Freunde einander dabei unterstützen, sich selbst ein guter Freund zu werden. Dann kommt es zu einer Transformation des ursprünglich archaischen Bedürfnisses nach Idealisierung von Beziehungen zu dem reifen Verständnis, dass da jemand ist, der uns so annimmt und anerkennt, wie wir sind. Das ist der Weg zum Seelenfrieden und zur inneren Heimat. Am Ende dieses Weges steht ein Haus. Wenn wir die Türe öffnen, begegnen wir unserem wichtigsten Freund, der uns ein Leben lang begleiten wird. Mit uns selbst Freundschaft zu schließen ist die Königsdisziplin der Lebenskunst.

Sich selbst ein guter Freund zu sein heißt, die eigene innere Stimme im lautesten Gewirr fremder Stimmen immer hören zu können und ihr auch dann zu folgen, wenn die fremden Stimmen uns bedrohen, verlocken oder manipulieren.

Sich selbst ein guter Freund zu sein heißt, uns so sehen zu können, wie wir wirklich sind, nicht besser, aber auch nicht schlechter. Denn erst wenn wir uns sehen, wie wir wirklich sind, können wir beginnen, uns vorzustellen, wie wir sein könnten.

Sich selbst ein guter Freund zu sein heißt, jene Teile von uns zu akzeptieren, die wir nicht ändern können und uns dafür mit innerer Leidenschaft darauf zu konzentrieren, die Kluft zwischen jenem Menschen, der wir sind, und jenem, der wir sein könnten, kleiner zu machen.

Sich selbst ein guter Freund zu sein heißt, unsere großen Träume nie aus den Augen zu verlieren und darauf zu vertrauen, dass Kräfte in uns stecken, die wir gar nicht ahnen können.

Sich selbst ein guter Freund zu sein heißt, für die vielen Gelegenheiten, die sich jeden Tag anbieten, dankbar zu sein, sie nicht gedankenlos zu übersehen, sondern sie mit Freude auszukosten.

Sich selbst ein guter Freund zu sein heißt, sich alle Zeit der Welt für sich selbst zu nehmen, wenn man diese braucht.

Sich selbst ein guter Freund zu sein heißt, über sich lachen zu können, ohne sich dabei abzuwerten, sondern als liebevoller Weg zur Selbstannahme.

Sich selbst ein guter Freund zu sein heißt, den Mut zu haben, unseren wahren Freunden auch unsere verletzbaren Seiten zu zeigen, sie werden uns dafür noch mehr lieben.

Sich selbst ein guter Freund zu sein heißt, zu verstehen, dass wir uns nicht jeden Tag ein guter Freund sein können, ohne uns dafür bestrafen oder schämen zu müssen.

Sich selbst ein guter Freund zu sein heißt, nie zu vergessen, dass wir über die Fähigkeit zur Liebe verfügen und dass viel Gutes in uns steckt.

---

1 Dschalal ad-Din ar-Rumi war ein persischer Sufi-Mystiker, Gelehrter und einer der bedeutendsten islamischen Dichter, der im 13. Jahrhundert lebte.
2 Die Darstellung der Lehre von C. G. Jung in diesem Kapitel basiert auf Jolande Jacobi: Die Psychologie von C. G. Jung, Frankfurt am Main 1978

Epilog: Was ich von einem Meister über die Kunst der Freundschaft gelernt habe

»Dann beginnen wir mit den praktischen Übungen«, waren meine ersten Worte, als Ernst mir mitgeteilt hatte, dass bei ihm ein aggressiver Krebs diagnostiziert wurde. Darauf hat Ernst, was außer uns beiden wohl nie jemand verstehen wird, gelacht. Das erste Mal seit seiner Diagnose hat er gelacht. Dieser kurze Augenblick klärte unser Verhältnis. Geweint und getrauert hat er mit den anderen. So wie auch ich in den folgenden Monaten oft allein geweint habe, wenn ich an sein Schicksal denken musste. Mit mir wollte er lachen und sein Leben reflektieren.

Das mit den »praktischen Übungen« war einer jener »Insiderwitze«, die uns verbanden. Die Idee zu dem Buch »Meine letzte Stunde« stammte von Ernst, mit seiner Hilfe wurde es mein bisher erfolgreichstes. Es ist auch sein Buch. Wir trafen uns in dem einen Jahr, als ich an dem Buch arbeitete, regelmäßig zu »praktischen Übungen«. Das heißt, wir versuchten uns der eigenen letzten Stunde anzunähern, wissend, dass das immer nur eine Simulation bleiben würde, und nicht ahnend, dass seine letzte Stunde viel näher lag, als wir uns das vorstellen konnten. Bei diesem Buch sind wir uns menschlich sehr nahe gekommen, Ernst wurde von meinem Mentor zu meinem Freund. Er nahm mir die Angst, nicht nur die weißen, sondern auch die schwarzen Tasten in mir anzuschlagen, weil nur so die einzigartige Melodie des Lebens jedes Menschen zu hören ist. Wie oft hat mir Ernst gesagt: »Zeige den Menschen die verletzliche Seite von dir und sie werden dich mögen.« Das mit der Verletzbarkeit galt auch für ihn selbst. In den Zeiten, als sich erst seine großartigen, aber hochriskanten Projekte in Luft auflösten und dann noch seine Krankheit ausbrach, erlebten wir Augenblicke tiefer Verbundenheit. Schon davor, in seinen besten Zeiten, gab er mir das Gefühl, zu seinen besten Freunden zu gehören. Natürlich wusste ich, dass er wie nur wenige andere die Kunst beherrschte, vielen Menschen das Gefühl zu geben, sein bester Freund zu sein. Wie hat er das gemacht?

Jeder verletzbare kleine Junge, der zu einem großen Abenteuer aufbricht, braucht einen Magier, der ihn mahnt, bestärkt und leitet. Meiner hieß nicht Merlin, Gandalf oder Dumbledore, sondern Ernst. Er war der Meister, ich sein Zauberlehrling. Sein Ehrgeiz war allerdings nicht, möglichst viele Lehrlinge um sich zu scharen, sondern seinen Lehrlingen zu helfen, selbst den Weg zu der ihnen möglichen Meisterschaft zu finden. Kam man mit einer großen Idee zu ihm, dann machte er sie noch größer. Nichts freute ihn mehr, als wenn er helfen konnte, einem wichtigen Anliegen Gehör zu verschaffen. Er war ein stiller Genießer der Erfolge seiner Freunde. Nie werde ich vergessen, als ich nach einer Lesung in Graz von ihm eine SMS erhielt, wo er mir zufrieden mitteilte, wie sehr die Menschen um ihn herum berührt gewesen waren. Er hatte unbemerkt von mir in der letzten Reihe gesessen. War eine Idee dagegen nur mittelmäßig, so erstickte er sie mit einer kurzen Bemerkung. Falscher Applaus oder Heuchelei unter Freunden wäre für ihn undenkbar gewesen.

Ernst erkannte schnell meine Veranlagung, besondere Menschen wie ihn zu idealisieren. Indem er mich in meinem Selbstwertgefühl bestärkte, hat er mich dabei unterstützt, mein Idealisierungsbedürfnis im Laufe der Zeit zu reduzieren. Ganz ist mir das noch nicht gelungen, wie Sie in diesem Epilog spüren werden. Ernst hat mir geholfen, tiefe Freundschaften in einer anderen Dimension zu erleben, nicht zu wenigen hinauf- und auf viele hinunterzublicken, sondern meine Wertschätzung so zu verteilen, damit gleiche Augenhöhe überhaupt erst möglich wird.

Bevor ich ihm begegnete, war ich von der Politik und der Unternehmensberatung sozialisiert und infiziert. Beide Disziplinen verführen dazu, sich in Effekthascherei zu verlieren und mit großen Namen und glanzvoller Verpackung die mangelnde Substanz von Ideen zu verschleiern. Meine Aufmerksamkeit war auf das Laute, das Strahlende, das Spektakuläre gerichtet, dabei liegt die Essenz im Leisen, im Unsichtbaren und in den Zwischentönen. Damit kommen wir zur wichtigsten Dimension von Ernst. Und das war nicht die eines genialen Kommunikationsgurus, sondern seine menschliche. Denn er nutzte sein Genie auf diesem Gebiet für sein wahres Anliegen. Er glaubte unerschütterlich an die Entwicklungsfähigkeit des Menschen, auch an meine. Ernst wollte einfach, dass ich mir selbst näher komme. Sosehr er sich auch über den Erfolg meiner Bücher freute, viel wichtiger war es ihm, meine menschliche Entwicklung zu fördern und zu begleiten. Seine Methode war nie der erhobene Zeigefinger oder der moralische Appell, sondern die Verführung, sich selbst besser zu fühlen, weil man mehr für andere tat.

Fast bei jedem Gespräch fragte er mich, wann ich denn das letzte Mal meine Mutter besucht habe. Nur wenn ich bei jedem Besuch selbst Freude empfinde, könnte ich ihr mehr Freude bereiten. Wenn ich gestresst vom Autoverkehr endlich bei ihr angekommen wäre, dann müsste ich mit jeder Stufe auf dem Weg zu ihrem Zimmer meine Geschwindigkeit bewusst reduzieren, um meine schlechte Energie loszuwerden, bevor ich ihr in die Augen sah. Ein Gedanke, auf den ich nie gekommen wäre, der mir aber half, meine Besuche nicht als Pflicht, sondern Kür zu sehen, zumindest den Anspruch an mich zu stellen, es immer zu versuchen. Erst in den letzten Lebensmonaten meiner Mutter verstand ich genau, was er gemeint hatte, und plötzlich fiel es mir leicht, diese Qualität der Achtsamkeit zu entwickeln – sehr spät, hoffentlich nicht zu spät.

Darf der Freund dem Freunde auf dessen Schatten hinweisen? Ja, würde Ernst ohne zu zögern antworten, wenn er ihm damit hilft, sich nicht länger selbst im Weg zu stehen. Wenn ich knapp davor stand, wieder einmal abzuheben, hielt mir Ernst einen Spiegel vor, in dem ich deutlicher meine größte menschliche Herausforderung sehen konnte: meine Unachtsamkeit. Nur wenn ich mir die Mühe machte, meine Mitmenschen, vor allem meine Freunde, genauer wahrzunehmen, spürte ich Dinge, die da waren, obwohl ich sie vorher nicht gesehen hatte: ihre Ängste, Hoffnungen, Gefühle, Vorbehalte und Sehnsüchte.

Wir erhalten so unendlich viele Hinweise, Worte, Blicke, Signale, dass wir glauben, es uns leisten zu können, die meisten davon vorbeigehen zu lassen. Wir schauen nicht hin, wir hören nicht zu, wir nehmen nicht wahr. Aber die Möglichkeiten werden nicht mehr, sondern immer weniger. Diese Erkenntnis hilft wahrscheinlich nicht nur mir: Um unsere Freunde besser zu verstehen, müssen wir lernen, genau jene Dinge, die wir nicht sehen können, sichtbar zu machen – nicht nur bei anderen, sondern vor allem in uns selbst. Genauso wichtig ist es, die »kleinen Dinge« in die richtige Perspektive zu rücken: »Ist dieser Streit wirklich so wichtig?«, »Wie sage ich richtig Danke?« oder »Wie finde ich genau die richtigen Worte, um meinen Freund in dieser schweren Stunde wieder aufzurichten?«

Natürlich liebte Ernst nicht alle Menschen, das ist wohl den Heiligen wie meinem spirituellen Lehrer, dem Benediktinermönch David Steindl-Rast, vorbehalten. Demut war nicht die hervorstechendste Eigenschaft von Ernst, meine ist es leider auch nicht. Aber von ihm konnte ich lernen, wie man wie mit eigenen Defiziten umgeht, wie man in jeder Situation eine Gelegenheit sehen kann, Demut zu praktizieren, nicht im Bußgewand aus schlechtem Gewissen, sondern um sein eigenes Leben und das von anderen zu bereichern. Wann immer ich zum Beispiel Gefahr laufe, mich über den schlechten Service eines Kellners aufzuregen, erinnere ich mich an eine Geschichte, die Christian Grünwald, ein Freund von Ernst, erzählt hat.

Hotel Oriental in Bangkok am Silvesterabend 2011. Das Hotel organisierte eine Gala für die Gäste in Abendkleidern und im Smoking. Zusätzlich zum Stammpersonal halfen junge Thais beim Servieren, die sehr nervös wirkten und keine Meister im Flaschenöffnen und Einschenken waren. Für kritische Gäste wohl ein Grund, den mäßigen Service für den exorbitant hohen Preis des Silvesterdinners zu bemängeln. Ernst, im weißen Dinnerjackett, beschwerte sich nicht, sondern fand schnell heraus, dass es sich um Schüler einer Gastronomieschule handelte. Für Mitternacht bestellte er zwei zusätzliche Flaschen Champagner und Gläser. Kurz bevor das gigantische Feuerwerk begann, öffnete Ernst die Flaschen und schenkte den Kellnern und den jungen Thais, die sie bedient hatten, je ein Glas Champagner ein. Die Gastronomieschüler tranken das erste Mal in ihrem Leben Champagner, kicherten verlegen und freuten sich über das unerwartete Ereignis. Allen ging es gut, nicht nur den Galagästen, sondern auch denen, die sie bedienten.

Laufe ich jetzt wieder Gefahr, meinen toten Freund zu idealisieren? »Bitte keine Heiligsprechung«, würde Ernst mir mit voller Wortgewalt entgegenschleudern, wenn er diesen Text lesen würde. Und dann beginnen, über seine Widersprüche, seine Versäumnisse, seine Fehltritte, seine persönlichen Schwächen wie intellektuelle Arroganz und materielle Maßlosigkeit zu reden. Nicht als Selbstanklage, sondern als Reflexion über seinen Schatten.

Dieser Epilog über einen Menschen, den fast kein Leser kennt, hat nur dann Sinn, wenn er zeigt, wie stark ein Freund das Leben eines anderen Freundes entscheidend verändern kann, wie erfüllend es ist, selbst zum Mentor für seine Freunde zu werden. All das gilt nicht nur für mich, sondern auch Sie können Ihren positiven Einfluss auf das Leben Ihrer Freunde gar nicht überschätzen.

Die sichtbarste Lücke, die der Tod von Ernst in mein Leben gerissen hat, ist jene des unbestechlichen Richters, dem man jedes neue Projekt zuerst vortrug, um dann bestärkt damit zu beginnen oder es befreit aufzugeben. Aus ist es mit der Bequemlichkeit. Der Komfortverlust, zu wissen, dass es niemanden mehr gibt, bei dem ich jederzeit kostenlosen und unbezahlbaren Rat erhalte, mahnt mich, endlich reif genug zu werden, mich selbst statt andere zu quälen, um schwierige Probleme mit meinen eigenen Fähigkeiten zu lösen. Am meisten geht mir aber der liebevolle und doch strenge Freund ab, der keine Begegnung verstreichen ließ, ohne mir die Freude zu vermitteln, mich mehr anzustrengen, ein etwas besserer Mensch zu werden.

Was bleibt von Ernst am Ende des Tages?

Liebe: Ernst war ein Vielgeliebter. Er liebte die Menschen und sie liebten ihn. An erster Stelle standen immer seine Familie, seine Frau, seine Kinder und seine Enkelkinder. Dann kamen die vielen kleinen Helden, die Großartiges geleistet hatten. Ihnen wollte er das verdiente Licht der Aufmerksamkeit schenken. Er bewunderte die ehrenamtlichen Helfer der »Zweiten Sparkasse«. Er nahm sich der vom Leben Gebeutelten an. Immer wieder erzählte er mir von seinen Gesprächen mit dem obdachlosen »Augustin-Verkäufer«, der ihm ans Herz gewachsen war. »Gewidmet dem Menschen, der meine Hand halten wird«, steht ganz am Anfang meines Buches »Meine letzte Stunde«. Wer sein ganzes Leben den Weg der Liebe geht, wird sie auch in der letzten Stunde erleben. Dieses große Glück ist Ernst zuteil geworden.

Authentizität: Seine Prägung als Waisenkind führte dazu, dass er mit dem Überleben extrem gefordert war. In den katholischen Internaten wurde man entweder gebrochen oder man entwickelte sich sehr gut. Es gab viel Finsternis, Angst und Befürchtungen, gerade das hat seine Sehnsucht, es zu ändern, gefördert. Deshalb war er extrem gut gegen Herzlosigkeit und Lieblosigkeit gerüstet, weil er sie so oft erleben musste. Ernst verstand es durchaus, das profane Leben leidenschaftlich auszukosten, manchmal bis zum Exzess. Viel Geld hat er verdient, viel Geld hat er verbrannt. Mit Börsengängen verhalf er Konzernen, ihre Kriegskassen aufzufüllen, um später den Finanzkapitalismus als größte Gefahr für den Humanismus zu geißeln. Er war ein leidenschaftlicher Sammler von Oldtimer-Porsches und in der letzten Phase seines Lebens begeisterter U-Bahn-Fahrer. Er durchpflügte mit Motorcross-Maschinen die Wüsten Arabiens und er liebte die stille Berglandschaft rund um Altaussee. Ja, er hat sein Leben nach seiner Musik gespielt, jede einzelne Note. Mit allen Höhen und Tiefen, mit zunehmender Wachsamkeit gegenüber sich selbst, je reifer er wurde. Ernst war keine Kopie, er war ein Original.

Idealismus: Ernst hat die Welt vieler Menschen besser gemacht. Er war stolz darauf, die Erstkommunion und die Bar-

Mizwa erhalten zu haben. Bis zu seinem letzten Atemzug träumte er von der Versöhnung der Religionen und schaffte diese Versöhnung für sich selbst. Er unterstützte die Gründerin des ersten buddhistischen Frauenklosters im indischen Himalaja, Tenzin Palmo, finanziell großzügig. Seine Spiritualität war die des Weltethos von Hans Küng und der Lehre der Dankbarkeit von David Steindl-Rast. Darum hat er vier Jahre lang die Waldzell Meetings im Stift Melk, einem Treffen von Nobelpreisträgern, Wissenschaftlern, Religionsführern und Künstlern, finanziell ermöglicht und intellektuell inspiriert. Menschen zu helfen, achtsamer, feinfühliger und liebevoller zu werden, das war die große Mission des Ernst Scholdan.

Es sind nur die Gedanken, die von einem Menschen bleiben. So wie die Liebe könnte daher die Freundschaft über den Tod hinausreichen. In unserem letzten Gespräch habe ich Ernst gefragt, was er denn für sich danach erwartet. Mit dem von Krankheit aufgetriebenen Bauch auf einem Sessel gebettet, antwortete er mit seinem noch immer glasklaren Verstand: »Ich glaube an Energie und daher an ein Weiterleben. Die Energie meines Lebens ist schon immer da gewesen und diese wird auch nach meinem Tod in einer anderen Form erhalten bleiben. Dass dabei aber mein Ego verloren geht, an dem ich natürlich hänge, ist wahrscheinlich.« Nach diesem Abschiedsgespräch folgte einer der schmerzhaftesten Momente meines Lebens. Es war nicht die letzte Umarmung, sondern der Weg zur Türe und die Notwendigkeit, diese mit der Gewissheit zu schließen, dass ich Ernst nie wieder lebend sehen würde. Eine Woche später verstarb er in den Armen seiner Frau.

Wohlan denn, mein Freund und Meister, du wirst auch noch das Paradies, den Himmel, das Nirwana oder wo immer jetzt deine positive Energie hingegangen ist, ein bisschen besser machen.

Auswahlliteratur

Zusätzlich zu den in den Fußnoten angeführten Quellen dienten folgende Bücher als Inspirationsquelle, die auch als weiterführende Literatur empfohlen werden:

David Benioff: Stadt der Diebe, Blessing, 2009

Dale Carnegie: Wie man Freunde gewinnt: Die Kunst, beliebt und einflussreich zu werden, Fischer Taschenbuch, 2013

Kerstin Hack: Freunde schlicht + ergreifend, Down to Earth, 2011

Marlen Haushofer: Die Wand, List, 2004

Martin Hecht: Wahre Freunde: Von der hohen Kunst der Freundschaft, Herder, 2014

Khaled Hosseini: Drachenläufer, Bloomsbury Berlin, 2008

Stefan Klein: Zeit: Der Stoff, aus dem das Leben ist. Eine Gebrauchsanleitung, S. Fischer, 2006

Alan Loy McGinnis: The Friendship Factor: How to Get Closer to the People You Care for, Fortress Press, 2004

Michel de Montaigne: Von der Freundschaft, Deutscher Taschenbuch Verlag, 2005

James O'Toole: Creating the Good Life: Applying Aristotle's Wisdom to Find Meaning and Happiness, Rodale Books, 2005

Gregory David Roberts: Shantaram, Goldmann, 2008

Wilhelm Schmid: Vom Glück der Freundschaft, Insel, 2014

Danke

Mit meinen Freunden kann ich jederzeit die Sorgen und vor allem die Freuden meines Lebens teilen, dafür bin ich ihnen unendlich dankbar. Mit meinem langjährigsten Freund **Thomas Plötzeneder,** Partner von Gehrer Ploetzeneder DDWS Corporate Advisors, verbindet mich auch das Gedenken an **Ernst Scholdan.**

Für die fachliche Unterstützung bei der Arbeit an diesem Buch möchte ich mich besonders bei der Psychiaterin und Verhaltenstherapeutin **Nedjeljka Baldass,** dem Psychoanalytiker und Management Coach **Klaus Geisslmayr,** dem Netzwerkforscher **Harald Katzmair,** der Ärztin und Psychotherapeutin **Caroline Kunz** und dem Kriminalpsychologen **Thomas Müller** bedanken. Die wissenschaftlichen Erkenntnisse des Glücksforschers **Mihály Csíkszentmihályi** und die Lehre der Dankbarkeit des Benediktinermönchs **David Steindl-Rast** sind ebenfalls in das Buch eingeflossen.

Wesentliche Beiträge und Geschichten in diesem Buch verdanke ich den Gesprächen mit **Tibor Bárci, Klaus Bassiner, Georg Brandstetter, Maggie Entenfellner, Barbara Feldmann, Helmut A. Gansterer, Lilian Genn, Bernhard Görg, Lieselotte Graf, Tatjana Halek-Schröder, Eva Maria Heusserer, Astrid Kleinhanns-Rollé, Martin Krammer, Golli Marboe, Johanna Mihevc, Ellen Müller, Rudolf Nagiller, Fifi Pissecker, Claudia Pöchlauer, Kaja Quester, Sylvia Saringer, Sonja Schärf-Stangl, Daniel Sverak** und **Tim Tomic.**

Hannes Steiner ist nicht nur mein Verleger, sondern auch mein Freund. Es ist bereits das achte Buch, das ich mit dem Ecowin Verlag mache. Für das große Vertrauen und die professionelle Unterstützung möchte ich mich bei **Robert Hadzetovic** und seinem Team bedanken. Mein Lektor **Arnold Klaffenböck** hat es auch diesmal geschafft, meine oft ungestümen Formulierungen mit der deutschen Sprache zu versöhnen.

Der Altabt des Benediktinerstiftes Melk, **Burkhard Ellegast,** hat viel von seiner Lebensweisheit in das Buch einfließen lassen. **Pater Martin,** dem guten Geist des Stiftes Melk, danke ich für seine Freundschaft.

Folgenden Menschen habe ich die Rohfassung dieses Buches in unterschiedlichen Stadien vorab anvertraut. Jeder Einzelne von ihnen hat sich so viel Mühe gemacht, es lesefreundlicher und besser zu machen, als ob es sich um sein eigenes Buch gehandelt hätte: **Nedjeljka Baldass, Klaus Bassiner, Georg Brandstetter, Wolfgang Eigner, Barbara Feldmann, Klaus Geisslmayr, Lilian Genn, Bernhard Görg, Martin Grüll, Tatjana Halek-Schröder, Eva Maria Heusserer, Yasmin Hirth, Christine Hofmann, Astrid Kleinhanns-Rollé, Harald Mahrer, Golli Marboe, Axel Neuhuber, Monika Ottenschläger, Elham Pedram, Günter Rattay, Manuela Rattay, Sabine Reissner, Sylvia Saringer, Markus Schindler, Alexander Strohmer, Witold Szymanski, Katrin Zita.**

Wenn Sie dankbar für Ihr Leben sind und etwas Gutes tun wollen: Zukunft für Kinder – ZUKI (www.zuki-zukunftfuerkinder.at), dieses von **Claudia Stöckl** und **Marlies Steinbach** geleitete Hilfsprojekt bietet Patenschaften für Straßenkinder in Kalkutta an. Das gespendete Geld wird direkt in Kinderheime und -schulen investiert, wovon ich mich als Beiratsmitglied immer wieder überzeugen konnte.

Ihre Meinung ist mir wichtig.

Sie können mir gern eine E-Mail an andreas@salcher.co.at schreiben, mich auf meiner Website www.andreassalcher.com besuchen oder mir unter @SalcherAndreas auf Twitter folgen.

Andreas Salcher
Wien, im Oktober 2016

Sie gehören zu jenen 17 Prozent Menschen, die bei einem Buch zuerst die letzte Seite lesen. Willkommen im Club der »Freunde der letzten Seite«. Die Zusammenfassung dieses Buches für Sie in vier Sätzen:

»Ich bin für Dich da« versteht sich als Einladung an Sie, das Verhältnis zu Ihren Freunden zu reflektieren und dabei mehr über sich selbst zu erfahren.

Menschen, die sich mit Freunden verbunden fühlen, sind glücklicher, gesünder und leben länger als isolierte Menschen, selbst wenn diese beruflich erfolgreicher, berühmter und wohlhabender sind.

Wir unterschätzen die Tatsache, dass wir in der reifen Lebensphase nur mehr jene Freunde haben werden, die wir uns im Laufe unseres Lebens gemacht haben.

Sich selbst ein guter Freund zu sein, ist die Königsdisziplin der Lebenskunst.

Drei Zitate aus dem Buch:

»Das Einmalige an einer Freundschaft ist weder die Hand, die sich einem entgegenstreckt, noch das freundliche Lächeln oder die angenehme Gesellschaft. Das Einmalige an ihr ist die geistige Inspiration, die man erhält, wenn man merkt, dass da jemand an einen glaubt.«

Ralph Waldo Emerson

»Das erste Gesetz der Freundschaft lautet, dass sie gepflegt werden muss. Das zweite lautet: Sei nachsichtig, wenn das erste verletzt wird.«

Voltaire

»Keine Einöde ist so traurig, als ohne Freund zu sein. Die Freundschaft vermehrt das Gute und verteilt das Schlimme: Sie ist das einzige Mittel gegen das Unglück und ist das Freiatmen der Seele.«

Baltasar Gracián